경계들

보더 스터디즈 입문

접경인문학문고004

경계들 보더 스터디즈 입문

초판인쇄 2022년 12월 15일 **초판발행** 2022년 12월 25일

기획 중앙대 · 한국외대 HK+ 접경인문학연구단

지은이 알렉산더 디너 · 조슈아 헤이건

옮긴이 임경화 · 현명호 · 구교선 · 고반석 · 김한결 · 강명주 · 이형규

펴낸이 박성모 **펴낸곳** 소명출판 **출판등록** 제1998-000017호

주소 서울시 서초구 사임당로 14길 15 서광빌딩 2층

전화 02-585-7840 **팩스** 02-585-7848

전자우편 somyungbooks@daum.net **홈페이지** www.somyong.co.kr

ISBN 979-11-5905-747-2 03900

이 번역서는 2017년 대한민국 교육부와 한국연구재단의 지원을 받아 수행된 연구임
(NRF-2017S1A6A3A03079318)

경계들

보더 스터디즈 입문

알렉산더 디너
조슈아 헤이건
지음

임경화
현명호
구교선
고반석
김한결
강명주
이형규
옮김

접경인문학문고 004

중앙대·한국외대 HK+접경인문학연구단 기획

BORDERS
A VERY SHORT INTRODUCTION

접경인문학 총서 발간사

중앙대·한국외대 HK+ 접경인문학연구단은 2017년 한국연구재단의 인문한국사업HK+에 선정되어 1단계 사업을 3년에 걸쳐 수행한 후, 2020년부터 2단계 사업을 시작했습니다. 접경 인문학에서 접경은 타국과 맞닿은 국경이나 변경만을 의미하지 않습니다. 같은 공간 안에서도 인종, 언어, 성, 종교, 이념, 계급 등 다양한 내부 요인에 의해 대립과 갈등이 발생하기 때문입니다. 연구단이 지향하는 접경 인문학 연구는 경계선만이 아니라 이 모두를 아우르는 공간을 대상으로 진행됩니다. 다양한 요인들이 접촉 충돌하는 접경 공간Contact Zone 속에서 개인과 집단이 이를 어떻게 인식하고 변화시키려 했는지를 추적하고 분석하는 것이 접경 인문학의 목표입니다.

연구단은 2단계의 핵심 과제로 접경 인문학 연구의 심화와 확장, 이론으로서의 접경 인문학 정립, 융합 학문의 창출을 선택하였습니다. 1단계 연구에서 우리는 다양한 접경을 발견하고 그곳의 역사와 문화를 '조우와 충돌', '잡거와 혼종', '융합과 공존'의 관점에서 규명하였습니다. 이 성과를 바탕으로 삼아 2단계에서는 접경 인문학을 화해와 공존을 위한 학술적이면서 동시에 실천적인 방법론으로 제시하고자 합니다. 연구단은 이 성과물들을 연구 총서와 번역 총서 및 자료 총서로 간행하여 학계에 참고 자원으로 제공하고 문고 총서의 발간으로 사회적 확산에 이바지하고자 합니다.

유례없는 팬데믹을 맞아 세상은 잠시 멈춘 듯합니다. 이 멈춤의 시간 속에서도 각종 국가주의와 민족주의가 횡행하며, 국가와 민족 사이의 충돌은 더욱더 첨예해지고 있습니다. 접경은 국가주의의 허구성, 국가나 민족 단위의 제한성, 그리고 이분법적 사고의 한계성을 여실히 드러내는 대안적인 공간이자 역동적인 생각의 틀이라 생각합니다. 우리 연구단은 유라시아의 접경에서 일어나는 다양한 조우들이 연대와 화해의 역사 문화를 선취하는 여정을 끝까지 기록하고 기억할 수 있기를 희망합니다.

중앙대·한국외대 HK+ 접경인문학연구단 단장 손준식

감사의 말

우리는 옥스퍼드대학출판부의 모든 분, 특히 낸시 토프Nancy Toff와 소냐 티코Sonia Tycko에게 본서의 정리작업에 협력해 주신 것에 감사드린다. 또한 익명의 비평가가 보내주신 유익한 의견에 대해서도 고마움을 전하고자 한다. 본서에 대한 알렉산더 디너의 공헌의 대부분은 그가 조지워싱턴대학교 엘리어트 국제관계대학원 유럽·러시아·유라시아연구소에서 유라시아연구 선임연구원으로 근무했을 때 이루어진 것이다. 조슈아 헤이건은 본서의 집필 중에 마셜대학과 훔볼트재단으로부터 지원을 받았다. 마지막으로 우리들은 가족인 조이 앤 솔리니Joy Ann Souligny, 레이첼Rachel, 사비나Sabina와 올리버 헤이건Oliver Hagen으로부터 받은 아낌없는 응원에 감사한다.

저자 한국어판 서문

한국의 비무장지대DMZ는 그 이름과는 반대로 아마도 세계에서 가장 군사적으로 무장된 경계일 것이다. DMZ는 대체로 북위 38도선을 따라 동해와 서해 사이의 대략 248km를 가로지르는 4km 너비의 땅이다. DMZ는 각각 남한과 북한의 공식 명칭인 대한민국과 조선민주주의인민공화국 사이의 좁은 완충지대로서의 경계를 이룬다. 1953년 중국과 북한, 그리고 미국이 주도하는 국제연합사령부 사이에서 맺어진 한국 군사 정전에 관한 협정이 정의한 대로 DMZ는 한국전쟁의 포성이 마침내 멎기 직전까지 교전이 벌어지던 전선을 표시한 군사분계선의 각각 북쪽과 남쪽으로 2km씩 뻗어있다. 정전 협상이 벌어지는 동안, 교전국들은 각자 전선을 형성한 위치에서 2km씩 뒤로 군대를 물리는 데 실질적으로 동의했고, 그러는 동안 대부분의 사람들은 결과적으로 비무장지대 바깥으로 옮겨졌다. 정전협정에 포함되지는 않았지만, 북방한계선은 서해의 섬들과 해역에 대한 관할권을 추가적으로 설정하기 위해 군사분계선을 서해로 확대한 것이다. 남북한이 해상 경계의 진로를 두고 분쟁함에도 불구하고 말이다. 나아가 미국과 남한 당국자들은 민간인 통제구역도 만들었는데, 이 구역은 군사적으로 엄격하게 통제되는 비무장지대의 남방한계선 뒤로 최대 20km

까지 추가적인 완충지대를 제공한다. 한편 북한은 추가적인 군사지대를 가지고 있지 않다. 온 나라가 실질적으로 군사적 통제를 받고 있기 때문이다. 또한, DMZ는 두 개의 판이하게 서로 다른 정치사회경제 체계, 즉 자유민주주의를 운용하며 역동적이고 지구적으로 통합된 경제를 갖춘 남한과 세계의 대부분으로부터 고립되어 사회주의독재를 추구하는 북한을 양분한다. 이러한 대조는 야간 의성사진에서 생생하게 드러나는데, 이 사진은 남한 전역에 걸쳐 서울과 부산 등 활기 넘치고 전깃불로 환한 광역도시들을 보여주는 한편, 북한에는 실질적으로 공허한 어둠만을 보여준다. 이 두 나라들 사이의 70년간에 걸친 불편한 휴전은 양측에 사상자를 내는 교전들로 인해 주기적으로 깨지곤 한다.

DMZ 너머 서로 총부리를 겨눈 군사력이 팽팽히 대치하고 언제 어디에서 교전이 벌어져도 이상할 것 없는 상황으로부터 리앙쿠르암Liancourt Rocks은 멀리 떨어져 있는 것처럼 보인다. 하지만 동해 먼바다에 옹기종기 모여 있는 이 작은 섬들은 남한과 일본 사이의 언제 폭발할지 모르는 불화의 원천으로 작용해 왔다. 한국어로는 독도, 일본어로는 다케시마竹島로 알려진 이 바위들은 눈에 띄는 천연자원도 하나 없고 상주하는 사람들도 항상 부족해 겉보기에는 별다른 가치가 없어 보인다. 하지만 이 섬들은 독도를 둘러싼 바다에서의 어업권과 일본제국주의의 이론의 여지가 있는 유산과 관련해 수십 년간 국제적인 악감정의 원천으로 기능해왔다. 분쟁의 대상으로서 리앙쿠르암이 갖는 위상은 20세기 전반부에 기인한다. 당시 일본은 조선을 강제로 병합했을 뿐만 아니라 동아시아와 동남아시아, 그리고 남태평양의 대부분을 정복했고, 이러한 식민 지배는 제2차 세계대전에서 연합국이 일본을 패망시킬 때까지 지속되었다. 1945년 일본이 항복하면서 리앙쿠르암이 남한과 일본 가운데 어느 나라에 속하는지의 문제는 해결되지 않은 채로 남게 되었고, 분쟁을 해결하기 위해 이어진 외교적 노력들은 결실을 맺지 못했다. 그러한 교착으로 인해 독도 문제는 한일관계 안에서 골치 아픈 문제로 남게 되었고 정기적으로 양측의 민족주의적 열정에 불을 지핀다. 그 결과, 남한의 일부 민족주의자들은 쓰시마対馬, 또는 대마도가 역사적으로 오랫동안 일본의 통제 아래 있었음에도 불구하고 남한 정부가 이 섬에 대해 영유권을 주장해야 한다고 소리 높여 외친다. 역설적이게도 북한은 리앙쿠르암에 대한 남한의 주장을 옹호한다. 남북한이라는 중무장한 두 경쟁자 사이에서 도달된 극소수의 합의점 가운데 하나인 셈이다.

한국의 비무장지대와 리앙쿠르암은 아시아태평양 지역 내에서 벌어지는 국경 분규의 사례 두 가지에 불과하다. 북쪽으로는 쿠릴 열도, 남쪽으로는 남중국해의 군도 및 주변 바다들이 이러한 사례에 포함된다. 아시아태평양 지역은 국제관계와 국내 정치를 형성하는 과정에서 국경과 변경이 갖는 중요성이라는 측면에서 결코 유일무이한 곳은 아니다. 러시아연방 대통령 블라디미르 푸틴의 소비에트연맹의 후신 국가들에 대한 고토 회복 정책은 우크라이나 침공과 우크라이나 동부 및 남부의 광활한 영토에 대한 합병 기도를 낳았다. 이러한 행위는 벨라루스, 조지아, 카자흐스탄, 몰도바, 우크라이나, 그리고 아르메니아와 아제르바이잔 사이의 오래된 분쟁이 있었던 나고르노-카라바흐 지역에서 러시아 군대의 간섭과 병력 배치의 패턴을 따른 것이다. 러시아의 이러한 행동들은 일부 사례들에서 국내적 소요에 직면한 친親러시아 정부들에게 힘을 실어 주었으나, 다른 사례들에서 러시아는 독자적인 정책을 추구하는 정부들을 더욱 손상시키거나 전복시키려고 했다.

러시아의 사례와 유사하게, 중화인민공화국은 일반적으로는 타이완으로 알려진 중화민국에 대한 압박을 조금씩 증가시켜 왔다. 중국의 이러한 노력은 최근 군사훈련의 형태를 취했는데, 타이완섬에 대한 침공 또는 금수조치를 촉진시키려는 것으로 보인다. 중국 주석 시진핑과 중국공산당의 다른 지도적 관료들은 확고부동하게 타이완의 성격을 탈퇴한 지역으로 규정하여 인민공화국으로의 재통합을 요구해 왔다. 중국군은 또한 자신들의 영토적 주장을 다른 방향들로 꼼꼼하게 밀어붙였다. 그 주장은 남중국해의 가장 깊은 해역과 해수면보다 약간 높은 일부 지역에서부터 히말라

야의 가장 높은 지대에까지 이른다. 여기서 히말라야 지역이란 중국군과 인도군 사이의 팽팽한 대치와 주기적인 교전이 벌어지는 원천이자 분규가 지속되는 실질통제선Line of Actual Control을 의미한다. 이 실질통제선은 인도와 파키스탄이 통제하는 영토인 잠무Jammu와 카슈미르Kashmir 사이의 휴전선이자 사실상의 국경인 통제선Line of Control과 혼동해서는 안 된다.

전술한 사례들은 특히 중국, 인도, 북한, 파키스탄, 러시아가 모두 핵무기와 장거리 발사체계를 보유하고 있다는 점을 고려할 때, 국제적인 안보 관련 심의에 간여하는 사람들을 비롯해 일반 대중에게도 큰 부담을 준다. 하지만 이러한 지정학적 긴장의 시금석들은 단지 해당 지역에서 가장 눈에 띄는 국경에 불과하다. 국경의 위치에 둘러싸고 벌어지는 분쟁은 아니지만, 국경이 어떻게 기능해야 하는지, 누구와 무엇을 어떠한 조건에서 통과시켜야 하는지에 관한 덜 알려진 국경 문제들이 산적해 있다. 중국 윈난성雲南省의 루이리瑞丽라는 국경도시는 미얀마의 가친Kachin주와 샨Shan주와 접하고 있다. 고위급 정부 당국자들의 주도하에 루이리시는 통관절차를 국경에서 도시 내 검문소로 이동시키는 방식으로 국경 횡단 무역을 촉진시킨다. 이 신자유주의 정책은 국경을 넘나들며 상행위를 하는 상인들이 중국 영토 '안'에 있으면서 동시에 중국 관세 집행 기관의 '밖'에 있게 하는 한편, 쌍방향 밀수를 허용하는 새로운 행정적 허점을 만드는 방식으로 무역을 촉진시킨다. 이 국경도시 실험은 무역, 투자, 제조업의 새로운 전망을 비롯하여 국가 안보라는 외피를 쓰고 밀무역을 단속하는 국가 주권의 표현을 예고한다.

미국에서 국경 보안의 개념은 대개 멕시코와의 남쪽 국경 및 그것을 어느 정도까지 감시해야 하는지를 의미한다. 예를 들어, 국경 단속 강화를 지지하는 사람들은 불법 이민과 마약 밀매라는 유령을 국가 안보에 대한 위협으로 간주하는 반면, 더욱 개방된 국경을 지지하는 사람들은 고질적인 빈곤, 폭력, 정부 탄압, 그리고 갈수록 악화되는 기후 변화를 피해 도망치는 사람들의 망명 신청을 적극적으로 고려해야 한다는 인도주의에 입각한 인권 수호를 강조한다. 미국과 멕시코 사이의 국경의 위치에 관한 논쟁은 거의 없다. 대부분의 분규는 그 국경이 얼마나 열려야 하는지 또는 닫혀야 하는지, 그리고 미국 입국을 결정하는 데 어떤 기준을 적용해야 하는지에 관한 것이다. "저 벽을 건설하라!Build that Wall!"라는 구호로 정치운동을 벌였던 도널드 트럼프 전 미국 대통령 재임 시기 미국의 주요 정당들은 이 문제에 관해 심각하게 양분되는 양상을 보인 반면, 조 바이든 대통령은 이후 대부분의 국경 장벽 건설 프로젝트를 취소하고 자신의 전임자가 제정한 많은 국경 단속 정책을 철회했다.

유럽연합 회원국들은 이민 단속이라는 측면에서 유사한 어려움을 겪어 왔고, 그 어려움은 특히 아프리카와 중동과의 접경지역에서 뚜렷하다. 아프가니스탄, 리비아, 소말리아, 시리아, 예멘에서의 내전과 더 일반적으로는 남반구의 만성 빈곤과 기회 부족에 의해 촉진된 이주는 특히 2015년 이후 유럽 전역에서 상당한 불화의 원인이 되었다. 이에 대해 유럽연합 당국은 유럽 국경 해안경비대European Border and Coast Guard Agency의 설립을 포함하여 EU의 바깥 국경의 한참 너머로 국경 단속 기제를 확장하는 동반자 관계를 형성하기 위한 새로운 모색을 시작했다. 나아가 몇몇 유럽연합 회원국은 이론적으로는 국경이 없어야 하는 솅겐 지역Schengen Area 내에 국경 장벽, 철조망 및 기타 집행 기제를 설치했다. 또한, 오스트레일리아는 허가받지 않은 이민자가 자국 영토에 도달하기 전에 이를 차단하고 방향을 돌리기 위한 다양한 노력을 시작했다. 이른바 브렉시트Brexit라고 불리는 영국의 유럽연합 탈퇴는 부분적으로는 자국의 국경에 대한, 특히 이민 및 무역 정책과 관련해 국경 통제권을 재확립하려는 바람에서 비롯되었다.

냉전의 종식, 지구적 원격통신 기술의 출현, 다자간 제도 및 협정의 확산은 국경 없는 세상을 예고하는 듯했지만, 21세기 초의 수십 년 동안 국경의 중요성이 점차 사라지기보다는 전면에 나서게 된 사례들이 넘쳐났다. 예를 들어, 코로나19 전염병에 대응하여 온갖 신조를 가진 여러 정부들은 자신들의 신조와는 별개로, 감염의 확산을 막기 위해 다양한 유형과 규모의 국경 폐쇄 및 여행 제한에 의존했다. 대부분은 효과가 미미했다. 환경적 지속 가능성을 달성하고 기후 변화를 완화시킨다는 요구는 국경으로 정의되는 사회경제적이고 정치적인 맥락과 함께 더더욱 확장된다. 우리는 국경으로 명확히 구분된 세상에 살고 있고 가까운 장래에도 그럴 것이라고 말해도 과언은 아닐 것이다.

2022년 12일

알렉산더 디너

조슈아 헤이건

차례

제3장_ 근대 국가 체제

제4장_ 경계 짓기의 실제

제5장_

경계를 넘는 자들과 경계 가로지르기 137

제6장_

경계를 넘는 제도와 시스템 167

제1장

경계로 가득한 세상

영토, 주권 그리고 경계

보더 스터디즈의 분야

경계에 대한 아주 짧은 소개

우리는 경계가 넘쳐나는 세상에 살고 있다. 지구를 분절시키는 정치적, 문화적, 경제적 경계들과 관련된 뉴스가 넘쳐난다. 안보, 이민, 무역 그리고 자원에 얽힌 각종 국제 분쟁의 중심에 많은 경계가 자리 잡고 있다. 토지 이용과 재산권을 둘러싼 국내 분쟁의 주요 요인으로도 경계가 작용하고 있다. 한 가지 분명한 사실은 작든 크든 규모에 상관없이 인간은 끊임없이 경계를 만들어내고 그 경계는 세계를 특정한 영역, 영토, 범주로 나눈다는 사실이다. 그런 점에서 영역의 구분과 경계 만들기는 자연스러운 '지리학적 행위'이다. 그렇다고 경계 자체가 '자연스러운' 현상이란 말은 아니다. 오로지 인간이 그것을 유의미하게 여기는 한에서만 경계는 존재할 수 있다. 이 같은 경계 혹은 지리적 분계선을 개관하는 것이 이 '입문서'의 목적이다. 경계가 사회적으로 구성된다는 사실과 인간이 그것을 이용하고 바꾸고 심지어 폐지하는 능력이 있음을 보여주려고 한다. 또한, 경계와 경계 짓기의 과정에 관한 복합적인 이론과 경험을 살펴보는 동시에 우리의 일상에 미치는 폭넓은 영향력을 밝히고자 한다. 대부분의 사람들은 매일 수많은 지리적 경계를 넘나든다. 소유권이나 정부 권한과 같은 공식적 경계든 사회 집단이나 개념과 연관된 상징적이거나 비공식적 공간이든 상관없이 말이다.

간단한 예로 우리의 일과를 한번 떠올려 보자. 일반적으로 아침은 침실과 욕실처럼 특별히 접근이 제한된 공간과, 함께 식사를 하는 주방 같은 좀 더 개방된 공간에서 시작된다. 출근길에는 보통 사유지를 떠나 다양한 공공장소와 동네, 지역 행정단위를 지나야 한다. 직장 역시 사무실, 휴게실, 공장 같은 특정한 목적을 위한 공간들로 나뉘어 있다. 이렇게 개인적, 사회적, 경제적, 정치적으로 다양한 공간의 성격을 정의하는 것이 바로 경계다. 즉, 경계를 통해 접근성, 유동성, 소속감 등의 문제를 다른 관점에서 볼 수 있게 된다. 공장의 출입구는 특정한 사람들에게만 접근이 허용되는 반면, 일반 상점의 출입구는 더 많은 사람들을 내부로 유인하도록 설계되어 있다. 이러한 예들은 경계가 다리, 관문, 만남의 장인 동시에 장벽, 장애물, 분리 지점이라는 모순되는 역할을 하고 있음을 보여준다.

이동에 영향을 미치는 지리적 경계는 상이한 법률과 사회적 규범의 공간을 정의하기도 한다. 경계는 이렇게 다양한 영역에서의 법적 의무, 사회적 범주, 그리고 기대 행동을 만들어낸다. 다른 예를 들어보자. 어떤 작업장에서는 안전모 또는 청력 보호구가, 다른 일터에서는 낮은 목소리와 직무에 적합한 복장이 요구된다. 직원이나 유료 고객에게만 접근이 허용된다는 표지판들은 공간이 지닌 상징적 권위를 드러내면서 인간 집단을 차별화한다. 이런 평범한 예들은 공간을 구분하고 상징으로 통제하는 일상 속의 사회화에 영향을 미치는 경계의 다양한 기능을 드러낸다. 이러한 중요성 때문에 경계는 사회과학과 인문학의 중점 연구과제로 떠올랐다.

이 책은 공간의 경계가 수천 년 동안 어떻게 인간 활동의 필수 구성 요소가 되었는지를 검토함으로써 연구 주제로서 경계의 중요성을 보여준다. 부족 간의 흐릿한 구역으로 시작된 '변경frontier' 현상은 결국 벽으로 둘러싸인 도시 또는 제국의 세력권 사이의 이행적 공간을 망라하는 방향으로 진화했다. 16세기에 시작된 유럽의 종교전쟁이 1648년 베스트팔렌 조약으로 절정에 이르렀을 때 유럽 전역의 국경은 점차 민족 국가를 구분하는 상당히 엄격한 선으로 변화했다. 정치적 공간을 조직하는 이 모델은 이후 18세기와 19세기 동안 유럽의 식민지 정복을 통해 세계로 수출되었다. 민족 국가 내에서 관료적 통제를 수립하기 위해, 그리고 때로는 민족적, 문화적, 종교적 차이로 인해, 공간은 시, 도, 군, 읍, 보호 구역 및 기타 행정 구역으로 분할되어 갔다. 이러한 공식적인 통치 구조 외에도 젠더 공간, 범죄조직이 장악한 구역gang territories, 외부인 출입제한 주택단지gated community 및 외국인 거주지와 같은 수많은 비공식적 사회적 경계도 속속 등장했다. 이들 모두는 다른 정치적, 사회적 공간과 구별되는 (비)공식적 경계를 가지고 있다.

이 세상에는 익숙하면서 시대를 초월한 것처럼 보이는 다양한 지리적 경계들이 존재한다. 공간적 경계는 인간의 사회 조직에서 드물지 않지만, 경계 자체는 자연 현상이 아니다. 다시 말해, 인간은 공간을 조직하는 성향이 있는 지리적 존재라 할 수 있지만, 우리가 영토를 구성하는 방법과 목적은 정치적, 사회적, 경제적 맥락의 변화를 반영하면서 상당히 급격히 진화해 왔다. 경계 공간의 이론적 토대는 광범위한 학문적 관점을 포함한다. 방대하고 성장 중인 이 분야를 이 책에서 전부 다룰 수는 없지만, 경계의 역사와 경계와 관련된 연구에 대한 개요가 학자, 학생과 일반 독자들의 흥미와 이해를 높이고 더 많은 연구를 끌어낼 수 있기를 바란다.

영토, 주권 그리고 경계

지리적 경계의 주요 기능은 장소를 만들고 구별하는 것이다. 즉, 경계는 어떤 지리적 공간의 사회적, 정치적, 경제적 또는 문화

그림 1 _ 노동자들이 2011년 텍사스주 엘파소 근처에 미국과 멕시코 국경을 따라 울타리를 세우고 있다.

적 의미를 다른 지리적 공간으로부터 구분 짓는다. 세계는 다양한 지리적 경계로 가득 차 있지만, 제도로서의 경계는 일반적으로 영토territory 개념과 관련이 있다. 프랑스어, 스페인어, 이탈리아어 등 여러 언어에서 영토라는 용어는 '장소' 또는 '공간'과 동의어다. 그러나 영어에서 사회과학적인 의미에서의 '영토'는 일반적으로 국가(또는 주)의 관할권을 나타낸다. 이 책은 영토를 사람들의 움직임을 규제하고 특정 행동 규범을 유발하기 위한 지리적 영역으로 정의한다.

영토를 생성하기 위해서는 특정한 영토성territoriality이 필요하다. 영토성은 인간이 개별적으로 혹은 사회적, 정치적 집단을 통해 지리적 공간을 만들고 소통하고 제어하는 수단이다. 영토성의 양식은 시간과 공간에 따라 크게 달라져 다양한 경계 만들기의 관행으로 이어졌다. 즉, 영구적 표식의 설치에서 간헐적인 의식의 수행에 이르기까지, 혹은 날카로운 선에 의한 정확한 경계 획정에서 변화 중인 지대에 이르기까지 광범위하고도 다양하다. 그러므로 경계 만들기의 영토성과 관행은 일정하지도 일관적이지도 않으며 매우 우발적이고 유연하다. 기록된 역사 전반에 걸쳐 널리 나타나는 영토성이 어디에서 유래하는가는 학자들에게 오랜 논쟁거리이다. 일부 학자는 영토성이 선험적 본능에서 비롯된다고 믿으며 사회생물학 또는 원생론적 접근 방식을 선호한다. 이러한 관점에 따르면 사회 집단은 생존에 필요한 자원을 확보하기 위해 본능적으로 영역 통제를 추구한다. 이는 집단이 영토를 통제하고 자원을 확보하고 경쟁 집단의 접근을 막음으로써 집단 간 영구적인 '적자생존'의 경쟁이 계속될 것임을 시사한다. 이런 관점이 가지는 문제점은 많다. 예를 들어, 동물도 사냥 범위를 표시할 때 영토성을 드러내지만, 인간의 영토성을 단순히 본능과 연결하려는 시도는 훨씬 더 복잡한 과정들을 자연 반사 작용으로 부당하게 환원시킨다. 인간의 장소 만들기와 영토성은 두 가지 측면에서 동물과 다르다.

첫째, 영토의 통제만이 인간이 정치권력을 행사하는 유일한 수단이 아닐 뿐만 아니라, 역사상 그랬던 적도 없다. 수많은 형태의 비영토화된 '권한'적법한 권력의 행사이 존재했으며 오늘날에도 그러한 권한의 행사는 계속되고 있다. 현대의 예를 들자면, 다양한 종교 및 사회 운동뿐만 아니라 환경주의, 인권 및 페미니즘과 관련된 시민단체들이 있다. 이들은 자신의 이념을 보편적인 것으로 전파하고 공간, 계급, 그리고 다양한 형태의 정체성에 대한 정당성을 주장한다. 인텔Intel과 같은 특정 대기업의 전 지구적 영향력도 이러한 기술이 영토 경계를 확실히 초월한다는 측면에서 비영토화된 권한의 한 형태로 볼 수 있다.

인간의 영토성이 동물과 다른 두 번째 이유는 인간의 영토성의 진화와 관련이 있다. 동물과 달리 인간의 공간적 사고는 시간이 지남에 따라 매우 다른 방식으로 나타났다. 예를 들어 법의 지배가 제한된 영역인 변방은 한때 세계 곳곳에서 흔히 볼 수 있었지만, 오늘날에는 눈에 띄게 줄었다. 또한, 일부 공동체에서는 토지 '소유권' 개념이 특정 집단이 이를 강제할 때까지 등장하지 않았다. 즉, 이 인간과 동물의 두 집단 모두에서 영토성이 존재했지만, 그 양상은 매우 다르게 나타났다.

인간의 공간적 사고에 대한 고찰은 영토성의 기원에 대한 새로운 이론의 출현으로 이어졌다. 일부 학자들은 원시론자들의 환경

결정론을 거부하는 구성주의적 접근을 선호하게 되었다. 구성주의자들은 영토성이 역사적 맥락, 실제적 필요, 지정학적 우연성에 기인한다고 주장한다. 이들은 '우리'와 '그들', '내부인'과 '외부인', '안'과 '밖'을 결정하는 기준은 인종이나 민족과 같이 우리가 일반적으로 가지고 태어났다고 인식하는 범주나 언어와 종교와 같은 문화적 특성과는 관련이 없고, 사회 제도 내에서 혹은 사회 제도 간의 불평등한 권력 관계를 통해 형성된다고 말한다. 영토성은 이러한 지배를 위한 사회적 장치의 역할을 하며 '그들의 것'이 아닌 '우리의 것'이 무엇인지 정의하는 과정을 주도한다. 인간 집단은 영토의 경계를 설정하고 이를 방어함으로써 특정 공간과 자원을 통제하고, 출입과 관련된 영토 외적 관행과, 사회 계층화나 통치와 같은 영토 내적 관행을 규정한다. 영토성은 그 기원을 불문하고 근대에 이르러 제도화되었고, 사회적인 과정인 경계 만들기로 자연스럽게 이어졌다.

영토성의 표현으로서 경계는 사물을 특정 공간에 배치하고 특정 영역의 출입을 규제하는 수단이다. 본래 사회적이고 정치적인 이 과정은 소유권의 관념 또는 영구적인 땅에 대한 정당한 소유의 관념과 연결되어 있다. 최근 수 세기 동안 인간 집단 내부와 집단들 간의 권력 격차가 극적으로 커지면서 주권과 관할권의 개념이 생겨났다. 비교적 최근에 등장한 이러한 개념들은 국가 권력의 한계를 정의하고 국경을 근현대 국가 조직의 원칙으로 설정하는 데에 핵심적 역할을 했다.

주권은 뚜렷이 구분되는 영토와 그에 상응하는 인구 및 자원에 대한 최고 권위와 지배력으로 정의할 수 있다. 관할권은 제한된 영역에 대해 특정 개인, 집단 또는 기관의 법적 권한의 인정이다. 형식과 기능은 유사하지만, 관할권은 일반적으로 상위 단위인 주권체sovereign entity 내부에 있는 작은 영역의 권한과 관련이 있다. 주권과 관할권은 양자 모두 매우 복합적인 개념으로, 국가, 민족 영토, 지방, 자치단위 같은 통치의 공간성과 통제의 성격을 정의하는 데에 도움이 된다. 이 통제는 안식과 안전을 제공하는 등의 유화적이고 유익한 측면도 있지만, 내부자에게는 감옥이 되고 외부자에게는 장벽이 되는 억압성과 폭력성도 동시에 가진다.

주권과 관할권은 정해진 영토에 대해 대중이 인정하는 어떤 형태의 권위이다. 그 권위가 폭력적인 기원을 가지고 있음은 종종 가려지고, 다른 '공간성'공간과 인간의 상호작용 방식과 정체성이 묻히는 과정은 은폐된다. 정체성은 정적이지 않고 공간적 상호작용의 양상은 유동적이기 때문에, '밀폐 봉인'식의 완벽한 영토 주권과 관할권은 결코 달성될 수 없다. 그 유명한 철의 장막Iron Curtain조차도 외국의 사상과 상품을 완전히 차단하지 못했다. 따라서 영토 주권과 관할권은 국토와 관련하여 많은 국내외 긴장과 갈등의 원인이자 응답으로 남아 있다. 예를 들어, 이스라엘 정착인들은 주권 국가의 영토를 넘어 자신의 소유라고 믿는 땅의 권리를 요구하고 국가의 중추적 안보기능을 강화하려 했다. 이에 저항한 팔레스타인인들은 그들의 주권을 주장하고 안보를 강화하기 위해 대응책을 세웠다. 이를 포함한 다른 많은 예에서 국경은 다양한 지구적, 지역적 공간에 걸쳐 질서와 무질서 사이의 역학 관계를 만들어내는 능동적인 힘이다.

오늘날에는 그 어느 때보다도 '세계화'라는 표현으로 종종 뭉뚱그려진 채 국경을 초월하는 과정, 양상, 그리고 문제들이 속속 등장하고 있고, 이에 기존의 영토 주권 개념도 도전을 받고 있다. 예를 들어, 오염이나 기후 변화가 환경에 주는 영향은 경계로 분할된 공간을 초월한다. 어떤 국가가 '친환경' 정책에 힘써도 이웃 국가의 산업이 공기와 물을 끊임없이 오염시킨다면 정책의 결과는 나쁠 수밖에 없다. 경제 및 사업 면에서는 초국적 기업은 유럽 연합EU 및 북미 자유 무역 협정NAFTA과 같은 공동 시장의 혜택을 점점 더 많이 누리고 상품 공급망을 전 세계적으로 구축해 관세를 낮춘다. 정보, 혁신 및 교육 면에서는 전 세계적 네트워크가 구축되어 동양과 서양, 흔히 남반부와 북반부로 불리는 '가진 자'와 '못 가진 자'의 격차가 명확히 드러난다. 이 격차를 좁히기 위해 수많은 초국적 기관과 민간단체가 노력을 기울이지만, 그 결과가 항상 성공적이진 않다. 이중국적, 다중국적, 혹은 가변적 시민권에 찬성하는 사람들도 늘고 있다. 이들은 국경이동이 잦은 다양한 사회계층을 망라한다. 이 범주에는 제트기를 타고 전 세계도시를 여행하는 부유한 코스모폴리탄들과 전쟁, 기근, 환경 악화, 억압 또는 빈곤에서 벗어나려는 난민들이 같이 포함된다. 기회를 찾아 국경을 넘는 다양한 이민자들 외에도 테러범, 해적, 용병과 같은 비국가 전투원들이 국경을 넘어 불법적이고 파괴적인 활동을 하고 있다.

이 모든 초국경적 활동으로 인해 전 세계 국가들은 국경 보안을 강화하고 영토 안팎으로의 이동 관리에 힘쓰고 있다. 예를 들자면 미국은 멕시코와의 접경지역에 수백 마일에 달하는 울타리를 건설 중이고, 인도도 방글라데시와의 접경지역에는 4,000km, 파키스탄과의 접경지역에는 2,900km 길이의 울타리를 건설 중이다. 파키스탄은 아프가니스탄과의 국경을 따라 울타리를 만들고 지뢰밭을 깔고 있으며, 이란은 파키스탄과의 700km 거리의 국경을 벽으로 막고 있다. 이스라엘은 요르단강 서안의 팔레스타인 거주지역 주변에 760km의 보안 장벽을 치고 있으며 이보다 길이가 짧은 장벽을 가자 지구와 이집트와의 국경에 건설 중이다. 이렇게 널리 알려진 사례 외에도 중국, 그리스, 쿠웨이트, 모로코, 사우디아라비아, 스페인, 태국, 우즈베키스탄, 아랍에미리트를 비롯한 많은 국가가 새로운 장벽을 건설하기 시작했다. 2011년 현재, 세계 국경의 약 20,000km가 장벽이나 울타리로 표시되어 있으며, 추가로 약 18,000km에는 감시 장비 및 순찰 면에서 보안 강화 작업이 진행 중이다.

그림 2 _ 이스라엘은 팔레스타인 서안지구를 봉쇄하기 위해 거대한 장벽과 여러 구조물들을 건설했다.

이러한 모순들이 시사하는 바는 국경이란 영토의 경계짓기와 사람, 상품, 자본 및 정보의 초국경적 흐름 사이에 지속적인 타협을 통해 구성되고 유지되는 공간적 실천이라는 점으로 구성, 유지된다는 점이다.

학자들은 예나 지금이나 경계의 개념과 경계로 구분되는 영토라는 개념의 효용과 결과, 그리고 그 모순들을 탐구해 왔다. 플라톤『법률』, 기원전 360년으로부터 시작해서 아리스토텔레스『정치학』, 기원전 350년,

토머스 홉스『리바이어던』, 1651년와 애덤 스미스『국부론』, 1776년, 그리고 토머스 프리드먼『세계는 평평하다』, 2005년과 하름 데 블레이『공간의 힘』, 2008년에 이르기까지 지정학적 체계가 완전한 폐쇄즉, 엄격한 영토 주권이란 이상적 원형의 상태도 아니고 완전한 개방즉, 세계화가 가져온 '지리학의 종언'도 아니라고 밝히고 있다.

철학자들은 개방성과 폐쇄성 사이에 존재하는 긴장 관계에 관하여 이상적인 사회에 대한 논의를 시작했을 때부터 반복적으로 또 명확하게 표현해 왔다. 플라톤은 『법률』에서 스파르타를 덕과 행복이라는 궁극적인 목표를 '안전'하게 추구하는 모범적인 정치체로 제시했고, 해양 탐험, 원거리 자원 탐사, 그리고 영토 확장을 통한 이익 추구는 가장 제한적인 '기회'로 간주했다. 이와는 대조적으로, 아리스토텔레스는 『정치학』에서 안전과 기회 사이의 균형을 주장하며 플라톤을 비판했다. 그의 관점에서는 유지와 영속을 위해 외부의 사회정치적 실체와 관계를 맺어야만 하는 정치체의 고립은 매력이 없는 선택지였다.

안전과 기회라는 두 선택지 사이에서의 움직임은 현대 세계질서를 특징짓는 영토 국가 모델의 형성으로 이어졌다. 베스트팔렌 조약을 통해 민족 국가 제도가 성문화되었을 당시 유럽 국가의 대부분은 기술적으로 지구상의 육지의 많은 지역을 쉽게 정복할 수 있는 유리한 위치를 점하고 있었다. 이 국가들은 식민지 영토를 확장하기 시작한 초반기에는 '기회'에 중점을 둔 전략을 추구하였으나, 점차 정복한 지역에 엄격한 주권의 형태인 '안전'을 강조하기 시작했다. 상호작용을 통한 확산이 영토성의 특성이듯이, 유럽의 예는 궁극적으로 비유럽 지역의 영토에 대한 야망으로 이어졌고, 이로 인해 전 세계적으로 원주민들을 중심으로 탈식민화와 민족 국가의 형성이 가속화되었다. 이러한 과정의 결과, 세계의 땅은 점차 오늘날의 주권적 민족 국가의 분할로 진행되었다. 경계는 종종 공간의 장벽이나 경계선으로 단순하게 개념화되지만, 경계는 결코 국경만의 의미가 아니었고 그 복합성은 오늘날에도 여전히 유효하다.

현대 국경 체제의 모순적 성격에 대한 신랄한 증거들이 세계 각지의 뉴스에 넘쳐난다. 스페인, 모로코, 앙골라, 아르메니아, 아제르바이잔, 우즈베키스탄, 키르기스스탄의 국경 안팎에 엔클레이브와 엑스클레이브의 형태로 고립된 독립체들이 최근 몇 년 동안 거의 전쟁 수준의 갈등을 겪고 있는 가운데, 회원국 간 무비자 여행을 허용하자는 솅겐 협정으로 유럽의 많은 지역에서 여행 제한이 완화되어 더 가까워진 유럽으로 변하게 되었다. 테러리즘, 마약 밀매, 불법 이주에 대한 우려로 전 세계적으로 국경 통제는 강화되었지만, 다국적 기업, 관광객 및 숙련 노동 이민자는 국경을 넘기가 더 수월해졌다. 실제로 여권과 비자는 인적 이동을 감시하는 정교한 수단이다. 국제 교류가 늘어남에 따라 발생한 기회와 더 높은 수준의 안전을 바라는 욕구 사이에서 균형을 잡으려는 노력의 하나로 국경이동 감시의 중요성이 급증했다. 또한, 관광, 노동 이주, 환경 보호 및 범죄와 같은 광범위한 문제의 관리를 위해 국가 간 협력이 중요해졌다. 국경에는 두 가지 측면이 있어서 국가 간 경계의 안정화를 추구하고 초국가적 이동을 효과적으로 관리하기 위한 쌍방 또는 다자간의 조정과 노력이 필요하다. 국가 주권과 지구화의 교차점에서 도덕적, 윤리적 긴장이 발생하고 있으며 이런 긴장감은 불변의 장벽 또는 퇴색하는 시대착오적 산물로 국경을 바라보는 경직된 관점에 배치된다. 실제로, 주권과 권위에 균열이 생기면서 개인 주택에서 국민국가로 이어지는 허구적이면서 중첩되는 영토 관할의 위계가 무너지고 있다.

국경이 다양한 문제의 중심에 있는 반면, 새로운 경제, 사회, 정치적 현실은 새로운 형태의 경계 짓기로 이어지고 대안적인 공간의 현실은 국가보다 낮은 단위에서 나타난다. 선거구, 인구 조사 지역, 지방 분권의 경계 및 기타 관료적 공간 분할은 사회경제적, 문화적 차이로 인해 생긴 비공식적 경계와 함께 점점 더 실질적인 권위와 권력을 갖게 된다. 이로 파생되는 새로운 시민적 위계질서와 다양한 공간성은 개인과 집단의 정체성 형성에 중심적인 역할을 한다. 트랙의 이쪽과 저쪽, 이 동네와 저 동네, 이 도시나 저 도시, 이 나라와 저 나라 사이의 위계 속에서 차지하는 우리의 상대적인 위치는 우리의 자의식, 귀속감, 그리고 삶의 궤도에 영향을 주게 되는데, 사람들의 열망, 기회 및 현실은 대부분 지리적으로 규정된 각 단위의 다양한 권력에 의해 좌우되기 때문이다.

이런 생활 속의 변화에도 불구하고 대부분 사람은 인구 조사 지역이나 지역 공원 등의 경계 수정은 비교적 편안하게 받아들이지만, 세계 지도에서 여러 국가를 나누는 국경선은 여전히 신성한 무엇으로 인식한다는 점에 유의해야 한다. 지리적 경계의 중요성과 영속성에 대한 인식의 차이는 우연히 발생한 것이 아니다. 국경은 의도적으로 구성되어 마치 더 높은 차원의 논리에서 도출된 것처럼 보이지만, 국경도 분명히 인위적으로 만들어진 어린이보호구역이나 선거구보다 더 자연스럽거나 논리적인 것은 아니다.

강이나 위도선과 같이 겉보기에 객관적인 기준에 기반한 것으로 보이든, 복잡하고 인위적인 것으로 보이든, 모든 경계는 인간의 편견, 신념 및 가정에 따라 그어진다. 개인이나 집단이 각자의 주장이 정당하다고 확신하기 때문에 영토 분쟁과 국경을 둘러싼 경쟁은 해결되기가 쉽지 않다. 모든 지리적 경계는 그 자체로 인간이 가진 영토성을 상징적으로 표현하고 실제로 구현하고 있다. 이는 인류가 처음으로 어떤 땅을 '그들의 것'이 아니라 '우리의 것'이라고 불렀을 때부터 그러하다.

보더 스터디즈의 분야

경계가 인간의 사회적 상호작용과 권력 행사에서 중요한 역할을 하기에 여러 학문 분야에서 높은 관심을 받는 연구 주제가 되었다. 1960년대 후반부터 지리학자, 사회학자, 인류학자, 경제학자, 환경 심리학자, 정치학자, 법학자, 역사가들은 경계가 국제관계와 국내 문제에서 그저 수동적인 역할만을 한다고 가정한 기존의 관념에 문제의식을 가지고 도전하기 시작했다. 보더 스터디즈border studies, 즉 경계 연구 학자들은 인간 집단을 나누는 선을 갈등의 구실이나 이동의 장애물이 아니라 다자적multiscalar 지정학의 핵심 요소로 보고 더 깊고 더 다면적인 고찰을 하기 시작했다. 경계 연구가 20세기의 대부분의 기간 동안 관심을 받지 못한 이유 중 가장 중요한 요인은 민족 국가 제도에 내재한 권력과 영토의 관계가 고정적이라는 가정 때문이었다.

보더 스터디즈 연구자들의 노력에도 불구하고 이러한 가정에 정치인, 광범위한 학계, 그리고 일반 대중도 의문을 제기하기 시작한 것은 얼마 되지 않았다. 매우 다른 방식으로 영토가 조직되었던 것이 불과 3세기 전이라는 사실을 완전히 이해하는 사람은 거의 없다. 도시화, 산업화, 그리고 '계몽적 가치'의 보급과 함께 세습 귀족에 의한 군주제 통치가 선출제 대의원에 의한 민주적 정부로 전환되면서 공간적으로 불평등한 사회정치적 질서가 재편된 것은 비교적 최근의 현상이다. 그럼에도 불구하고 이러한 사건들은 새로운 영토 개념과 실천을 가져와 사람들이 자기를 인식하고 세계에서 각자의 위치를 자각하는 방식에 지대한 영향을 미쳤다.

변경frontiers이 명확하게 구분되는 경계borders로 대체되자 인간의 정체성과 대부분의 사회적 과정은 정치 지리학자들이 흔히 말하는 '영토의 덫territorial trap'에 의해 재구성되었다. 이 개념은 서로 연관된 세 가지 가정에서 파생된다. 첫 번째는 국가가 영토 내에서 권력의 유일한 중재자라는 것이다. 즉, 경계로 구분된 영토 안에서 국가는 통치권과 주권을 행사하게 된다. 두 번째 가정은 국내내부와 국제외부는 정치, 사회적으로 서로 다른 활동 영역이라는 것이다. 따라서 각 영역에서의 합법성과 도덕성의 기준은 근본적으로 다르다. 세 번째는 국가의 경계를 사회의 경계와 동일하게 보는 가정이다. 다시 말해, 국가는 지구의 공간을 민족 국가의 영토와 이에 속하는 각각의 사회로 깔끔하게 나누어 담아내는 견고한 용기와 같은 역할을 한다.

이런 가정들은 민족주의의 감정적 호소와 결합하여 서로의 주장을 강화시키고 국가권력의 관점에서 지구에 공간적 경계를 만드는 일에 역사적 정당성과 현재적 영속성을 부여하게 된다. 특히 19세기 이후 사회, 경제 분야가 국가의 통치행위와 더 긴밀하게 연계되면서 사업, 노동, 정치, 스포츠, 군사, 교육, 예술 등의 분야를 '영토의 덫'의 관점으로 바라보게 되었다. 국가의 개입이 여러 영역에서의 효율성과 실용성을 증가시킨다는 주장은 경제학, 사회학, 그리고 정치학이라는 새로운 사회과학을 통해 발전, 강화되고 소위 '과학적'으로 뒷받침되었다. 현대 학계는 대개 민족 국가에 봉사하면서 부상했는데, 종교가 일차적 대중 교육 기관의 역할에서 뒤로 물러나면서 정부와 공립 학교 및 대학이 민족 국가의 새로운 신념인 민족주의에 적합한 정체성의 골격을 만들고 그 내용을 채우는 기능을 맡았다. 제1차 세계대전과 제2차 세계대전 그리고 냉전을 거치며 더 강력해진 민족주의는 공동체 의식과 유대감이 지역 사회에서 점차 국가 단위로 옮겨갈 것이라는 사회과학자들의 일반적인 합의를 더욱 진전시키게 되었다.

요컨대, 20세기 전반에 걸쳐 '영토의 덫'으로 인하여 지리적 경계에 관한 연구는 정치 인류학, 정치 지리학 또는 지역 정치학, 경제학 및 사회학과 같은 하위 분야로 격하되었다. 그럼에도 불구하고 경계는 1960~70년대에 탈식민지화와 함께 고개를 들기 시작해 1980년대에 소련 세력이 약화하면서 추진력을 얻었고, 1990년대에 붕괴한 구소련 지역에서 새로운 국가들이 (재)출현하면서 전성기를 맞으며 연구의 주요 주제로 돌아왔다. 경계를 연구하는 학자들은 '기회'보다 '안전'을 강조하는 일에 의문을 제기했고 특히 신자유주의 경제 사상의 발전, 유럽연합의 탄생, 그리고 2000년대 초 빈발한 테러 공격을 배경으로 부활한 보호주의 이념으로 인해 경계 연구는 더 큰 주목을 받게 되었다.

모순적이고 논쟁의 여지가 많은 현대 경계의 특성 때문에 활발한 연구 활동이 진행되었는데, 이는 많은 관련 연구소의 설립과 경계 연구 전문가들의 증가로 증명된다. 국경 분쟁이나 경계와 관련된 많은 문제가 오늘날 경계의 중요성이 줄어들고 있다는 인식이 커지는 가운데 존재하는 사실은 아이러니하다. 다양한 국가와 지역 안팎으로 인구의 이동이 증가하고, 초지역적-초국가적 기관이 발전하고, 초국경적 경제 활동이 증가하는 현실은 인간 정체성, 국가 주권, 그리고 국가 경제가 적어도 부분적으로 탈영토화하고 있음을 보여준다. 그래서 혹자들은 지리학의 종말을 선언하기도 한다. 즉, 흐름의 세계a world of flows가 장소의 세계the world of places를 대체하고 궁극적으로 균질하고 경계가 없는 풍경을 낳는다는 것이다.

하지만 대부분의 학자는 전혀 다른 현상이 수면 위로 떠오르고 있다고 본다. 그들 중 일부는 국가가 세계 정치 공간에서 주요 조직 단위로서의 수명을 다한 것이 아니라 지정학적으로 여전히 유효한 경계선을 가진 채 더 큰 구조로 확장할 것이라 예상한다. 한편 영토적 조직이 국지적으로 축소되고 그 정체성과 주권 개념이 서로 중첩되고 덜 엄격하게 정의되리라 예측하는 전문가들도 있다. 두 대안 모두 영토성과 지리적 경계의 종말보다는 새로운 기능으로서의 경계를 암시하고 있다.

이러한 대담한 예측과 달리, 광범위한 세계화가 인간의 공간성에 미치는 효과는 단일하지 않다. 실제로 경계의 격변과 안정성, 침투성과 경직성이 교대로 드러나는 양상이 나타났다. 예를 들어, 7년 전쟁에서 나폴레옹 전쟁, 그리고 세계대전에 이르기까지 반복된 유럽 강대국 간의 갈등은 유동성과 불안정성의 시대였다. 그러나 냉전 시대 동안의 경계는 여전히 분열적이면서도 초강대국 간의 대결을 배경으로 고정화된 것처럼 보였다.

이 양극화된 국제 체제의 와해는 냉전 대립의 상징이자 말 그대로 경계적 지형물인 철의 장막과 베를린 장벽의 붕괴와 함께 찾아왔고, 그 후 구공산권 전역에 새로운 경계에 대한 불안정성을 초래했다. 그 몰락과 함께 소련은 15개의 새로운 국가를 세계 지도에 남겼다. 유고슬라비아와 체코슬로바키아도 새로운 주권 국가로 분열되었는데, 이 과정은 원하든 원치 않든 간에 완료되지 않았을 수도 있다. 코소보에서 알바니아어를 사용하는 사람들은 자신들의 민족 국가를 수립했으며 러시아는 남오세티야와 압하지야의 독립을 지원하기 위해 조지아의 일부를 점령했다. 흥미롭게도 중국과 스페인과 같이 성격이 다른 국가들도 불만을 품은 소수집단각각 티베트인과 위구르인, 바스크인과 카탈루냐인 사이에서 민족 자결 운동이 촉발되는 것을 꺼려 별도의 주권을 인정하지 않는 점은 같다. 그러나 제국이 와해되거나 꿰어맞춘 연방 국가가 분열된 일은 최근에는 별로 발생하지 않고 있다. 아이러니하게도 유럽연합이나 범이슬람 칼리프 국가 같은 더 큰 초국가적 조직으로 국가를 통합하라는 주장을 보도하는 뉴스들은 간간이 눈에 띈다. 이렇게 다양한 사례에서 경계는 사라지지 않고 계속해서 더 작거나 더 큰 영토 단위로의 변화로 영토성을 규정하려는 움직임은 그 정도가 자신의 기원인 국민국가보다 덜하지 않다.

이러한 논의는 통합이나 분열에 있어서 단일한 경향이 없음을 분명히 하고 있다. 세계의 일부 지역은 점점 더 파편화되고 있고 다른 지역은 더 큰 통합을 경험하고 있다. 경계는 유동적 세계화 와중에도 여전히 중요한데, 가로지르거나 불법적으로 월경하거나 혹은 포괄한다는 의미의 '초월trans'이 초국가주의나 초국가적 이주 과정에 접두사로 놓인다는 것은 경계가 존재하기 때문이다. 신자유주의적 자본의 흐름과 공간을 가로지르는 사이버 커뮤니티의 연결로 인해 본질적으로 변화할 가능성이 있음에도 불구하고 영토는 여전히 편재하고 바로 사라지지는 않을 것이다.

지금 우리는 인간의 공간성과 경계의 전환을 경험하고 있다. 경계가 품고 있는 역사와 그 생성의 과정은 모순적이어서 진화하는 공간적 현실에 적응해야 하는 사람들은 상당한 불안을 경험할 수밖에 없다. 정책 입안자들은 국경을 넘나드는 무역과 투자의 촉진과 9·11 이후의 안보 환경 관리 사이에서 불안정하기 그지없는 균형을 잡기 위해 고군분투하고 있으며, 사람과 물건의 자유로운 흐름의 촉진을 위해 국경을 '완화'하려는 모든 계획은 그만큼 새로운 형태의 서류들을 요구하게 되고 새로운 물리적 장벽을 구축하는 국경 '강화'의 움직임으로 이어진다. 경계를 물리적으로 실체화하려는 이러한 움직임은 또한 사이버 공간이 거리의 변수를 줄임으로써 새로운 인간관계를 촉진하는 동시에 새로운 형태의 대립, 차별, 증오의 장이 되는 현실과도 맞서야 한다. 공간적 가변성이 새로운 시대의 중심 담론이 되는 이유는, 영토 안팎의 흐름을 통제하기 위한 목적의 국경을 이용하는 인간의 행위와 직접적으로 맞닿아 있기 때문이다.

경계에 대한 아주 짧은 소개

경계는 인간의 활동과 조직의 필수 구성 요소이다. 따라서 기회와 불안의 영역, 접촉과 갈등의 구역, 협력과 경쟁의 현장, 양면적인 정체성과 다름에 대한 공격적인 주장이 발생하는 장소라는 경계 자체가 지니는 역할에 대한 이해가 심화되어야 한다. 이러한 이분법들은 시간과 장소에 따라 번갈아 나타날 수 있지만, 종종 공존한다는 점이 더 흥미롭다. 우리는 경계가 우리 삶을 어떻게 구성하는지 알아야 하고 동시에 경계가 초래하는 적대적 차이와 냉담한 무관심을 줄여야만 한다. 우리는 경계가 소속감과 정체성을 촉진하는 능력을 활용하되 '타자'를 만들어내고 배제하는 경향을 줄이는 방법을 찾아야만 한다. 우리는 점점 더 유동적이고 다면적으로 변하는 영토의 성격을 바로 이해하고 다양한 사회적 환경에서의 경계의 다층성도 파악해야 한다. 좀 더 구체적으로 다음의 윤리적인 문제가 해결되어야 한다. 누구에 의해, 또 누구를 위해 경계가 건설되는가? 그리고 무엇을 위해 경계는 만들어지는가?

경계는 아마도 우리의 삶에서 가장 명백한 정치적, 지리적 실체이기 때문에 국가와 지역의 역학을 이해하기 위하여 상부와 하부 사이의 상호작용에 관한 더 많은 연구가 필요하다. 궁극적으로 이 작업을 통해 경계의 불투명도가 투명도만큼 중요하다는 점을 상기시키려고 한다. 경계의 역할이 진화하고 그 성격이 변할 수 있음을 간과하지 말아야 하며 협력의 현장이 다툼의 현장으로 변할 수도 있고 다투다가 협력 관계가 생길 수도 있다는 유동적 현실에 유념해야 한다. 이 책에서는 경계를 포괄적으로 다루지는 않는다. 경계와 같이 다면적이고 복잡한 주제에 대해 '아주 짧은 소개'를 쓰는 것은 어려운 일이지만, 경계는 우리의 세계를 형성하는 중요한 요소이며 앞으로도 그 중요성은 변치 않을 것이기에 그런 부분에 초점을 맞춘 작업임을 밝힌다.

제2장

고대의 경계와 영토

수렵채집인들 사이의 영토성
고대의 국가 형성
유목 집단
도시국가들
제국
유동적인 영토 체제로서의 고대 정치체들

근대의 정치 지도들은 세계 국가들과 그들 사이의 경계가 마치 영구적인 것 같은 느낌을 준다. 즉 근대 사회과학의 주된 목표 중 하나는 프랑스, 중국, 이란과 같은 정치 체제들과 그들의 주권 영토들이 선사시대로부터 유래한다는 역사적 연대기들을 만드는 것이었다. 그러나 근대의 정치 지도 및 영토에 관한 가정들은 상대적으로 최근에 발전된 것들이다. 이것은 근대 이전의 사회나 정치 체제가 영토성이나 경계에 대한 관념을 결여했다는 것을 의미하지는 않는다. 오히려 전근대의 사회나 정치체제는 근대적인 규범이나 기대와는 다른 방식으로 사물을 파악하고 사회·정치적 공간을 배열했다고 보는 것이 오히려 타당할 것이다.

수렵채집인들 사이의 영토성

초기의 인간들은 수렵채집인으로 불리는 유목민들로 소규모 집단을 이루고 살았다. 이들 공동체의 집단이주는 대체로 먹거리와 여러 필수 자원들의 가용성에 영향을 주는 계절 등의 환경적 조건에 따라 주기적으로 일어났다. 그들이 유목 생활을 했다는 점을 고려하면, 혹자는 이 초기 인류가 경계, 영토 혹은 땅에 대한 소유권의 관념을 결여했으리라 추정할지 모른다. 하지만 오늘날까지 이루어진 수렵채집인들에 대한 연구들은 선사 인류들이 놀라울 정도로 정교한 영토적 구성을 이루고 살았다는 걸 강하게 시사한다. 수렵채집인들은 목적 없이 배회하기보다는 상대적으로 안정적인 지역적 채집 범위 혹은 채집 활동에 최적인 장소들의 네트워크 안에서 활동하는 경향이 있었다. 이러한 네트워크들은 확장된 친목 혹은 결연 관계, 종교적 믿음, 그리고 생태적 조건 등에 의해 형성되었다. 그러나 소유권의 관념이나 영토 및 자원에의 접근에 관한 규범은 상당히 다양했던 것으로 보인다.

몇몇 집단들은 특정한 사냥 및 채집 구역에 대한 배타적 접근성을 주장하고 또 유지하고자 상당한 공을 들였다. 예를 들어, 북아메리카의 북서태평양 지역에 사는 침샨족, 코스트 살리시족, 그리고 그 외의 집단들은 자원이 있던 지역에 대한 소유권과 접근권에 초점을 둔 복잡한 사회 체계를 발달시켰다. 외부 침입자에 대한 처벌은 가혹했으나, 토지를 소유한 가계들은 종교의식 등을 통해 자원을 공유한 것으로 추정된다. 스리랑카의 베다인들 역시 특정한 지역에 영역을 표시하고 열정적으로 지켜냈다. 각 공동체는 각자의 사냥지 영역 안에서 자급자족한 듯하며, 거의 모든 상황에서 외부 침입은 엄격히 통제되었다. 뚜렷한 자연적 특징이 없던 지역에서는 베다인들의 경우 나무 둥지에 상징들을 새겨 경계를 표시한 듯하다. 수렵채집인 집단들 사이에서 배타적 영토성에 관한 관념이 공유되었을 가능성이 있으나 소유권의 개념은 몇몇 집단 내 개별 가계 내에만 머물렀고, 일반적으로는 확장된 혈연집단인 가문의 단위로 토지를 공유한 것으로 보인다.

다른 수렵채집 문화들은 사회적 응집성과 호혜성을 강조하는 영토 전략을 썼던 것 같다. 남아프리카지역의 쿵족은 자연 지형지물과 대체로 일치했던 비교적 모호한 수렵채집의 경계를 가졌고 타 종족들의 접근을 막기 위한 별다른 노력을 기울이지 않았다. 즉 자원들은 채집되기 전에는 소유된 것으로 간주되지 않았고, 채집된 후에는 구성원들 사이에서 평등하게 분배되었다. 종족들은 특별히 친밀한 사이의 이웃 지역에 있는 자원들에 대해 상당히 자유로운 접근권을 지녔다. 이러한 접근은 잦은 빈도로 발생했고, 접근한 집단이 먼저 허락을 구하고 또 채집한 자원의 일부를 그 지역 종족들과 공유하는 것은 대체로 별다른 문제 없이 환영받았다. 유사한 환대를 추후 돌려받는다는 상부상조의 기대도 있었다. 유동적인 집단 구성 및 연대를 통한 인접 종족과의 영토 및 자원 공유가 이루어졌던 다수의 호주 원주민 집단들도 유사한 시스템을 가지고 있었는데, 각 종족은 특정한 수렵채집 네트워크 내에서 움직였으나 이러한 지역은 배타적인 것으로 간주되지 않았고 이웃 집단들과 공유되곤 하였다. 또한, 호주 원주민들의 지역은 다른 집단들이 요구한 적 없는 완충지대에 의해 경계가 지어졌다.

상술한 두 가지 전략들 사이에서 다양한 변형과 결합이 존재했는데, 이는 수렵채집 집단 인구의 변화, 자원의 가용성 및 사람들 사이의 갈등의 결과인 결합과 분리 때문이었다. 오늘날의 선명한 경계에 비견될 만한 것이 고대에는 없기 때문에 당시 수렵채집 공동체가 비영토적이라 생각하기 쉽다. 하지만 이들 집단은 호혜성 및 배타성의 관념이 뒤섞인 공동체성, 영토, 자원을 통제하기 위한 복잡한 전략들을 수립한 것으로 보이는데, 이는 애니미즘적 종교 행위와 관습 그리고 자원의 가용성에 의해 좌우되었다.

고대의 국가 형성

기원전 1만 년경부터 수렵채집 집단들은 정착 농경 공동체로 서서히 변해갔다. 이것은 소위 신석기혁명이라 불렸는데, 식물과 동물의 재배와 사육에 의해 안정적이면서도 풍부한 식량 생산이 촉진되었다. 이 혁명은 오늘날의 이라크와 시리아 지방에 분포된 비옥한 초승달 지대Fertile Crescent라 불리는 지역에서 처음 일어났고, 정착 농경 공동체들은 기원전 3천 년경까지 인도, 중국, 아프리카 그리고 아메리카 지역들에 두루 걸쳐 독자적으로 발생했다. 영구적 정착에 더불어, 수렵채집 사회로부터 농경사회로의 전환은 문자의 발달, 관개, 건축, 정부, 그리고 사회경제 분야를 아우르는 문화의 태동 등과 같은 인류사에 광범위한 영향을 주는 변혁으로 이어졌다. 이는 또한 영토를 다스리는 새로운 정치조직의 등장에 필요한 전제조건이 되었고, 단순한 정착 이후에는 강 하류의 비옥한 지역에서 지도자나 왕이 다스리는 도시국가가 점진적으로 형성되었다.

도시국가 문화로 전환한 최초의 집단 가운데 우리는 수메르인에 대해 비교적 풍부한 정보를 갖고 있다. 기원전 4천 년경까지 수메르인들은 티그리스-유프라테스강 유역에 흩어져있던 수십 개의 주요 도시국가들을 병합하기 시작했다. 도시국가는 중심 도시부와 이를 둘러싼 농지로 구성된 상대적으로 작은 지역을 포괄하는 주권적 정체였다. 수메르의 경우 각 도시국가는 독립적이었고 각 도시의 수호신을 대표하는 왕에 의해 다스려졌다. 이러한 도시국가들은 주변 농경지에서 생산된 잉여 농산물에 의존했다. 만약 왕이 조세 수입을 높일 수 있는 영토의 확장을 바란다면, 그는 더 많은 농지를 확보해야만 했다. 고대 수메르에서는 이것은 대체로 새로운 땅을 경작하기 위한 관개수로의 확장이나 이웃 도시국가들의 개간 농경지의 병합을 의미했다.

생존을 위한 농지의 중요성을 고려하면, 수메르 도시국가들이 항시적 분쟁 상태였다는 사실은 전혀 놀랍지 않다. 어떤 수메르 왕들은 상당한 성공을 거두었는데 이들은 정복을 통한 영토 병합보다는 패배한 도시국가들로부터 조공을 받는 쪽을 택했고, 심지어 조공도 단기간에만 이루어졌다. 이에 대한 증거는 고대의 지도자들이 그들의 업적을 기록하고자 세운 스텔라stelae라고 불리던 돌판들이나 기념석들에서 나온다. 스텔라는 가끔 군사적 승리나 지배자의 취임과 같은 중요한 업적들을 기록하였고 보통은 영토나 변경의 표시 용도로 쓰였는데 지역 내의 행정 변경을 표시하거나 이웃 왕국들과의 외적 경계를 나타내기도 했다.

예를 들어, 고대 이집트의 파라오 이크나톤은 아마르나에 위치한 자신의 새로운 수도가 어느 지점에서 끝이 나는지를 표시하고자 많은 스텔라를 세웠다. 도시의 끝 지점을 표시하는 것과 더불어 스텔라에는 왕국에서 신성한 공간으로 여겨졌던 수도와 나머지 지역을 구별 짓는 종교적 헌사들도 새겨져 있었다. 이집트 남부 지역에 누비아와의 경계를 확립한 슈네스레트 3세가 그러했듯 다른 파라오들도 그들의 영역의 외곽선을 표시하고자 스텔라를 세웠다. 이러한 스텔라들은 분명하게 확립된 경계를 표시하기 위함은 아니었다. 대신 변경의 요새 내부에 위치했고, 주권적 영토의 절대적 분리라기보다는 주변 영토들에 대한 선언적 구실을 했다. 근대적 의미의 하나의 선으로 그어진 국경은 존재하지 않았다. 오히려 스텔라들과 근처의 기념비들에 새겨진 비문들은 중요한 종주 지역인 나일강을 따라 이동하는 사람과 물자를 감독하는 정부 관리들에게 주요한 요새이자 검문소였음을 시사한다. 스텔라들은 중남미의 올메카 문명과 마야 문명에서도 유사한 기능을 했다. 이러한 스텔라들은 고대 문명들의 영토성 및 경계에 대한 개념들을 이해하는 데 중요한 자료로 여겨져 왔다.

지금까지 알려진 경계 지역에서의 최초의 갈등은 '독수리의 비석'Stele of the Vultures에 기록되어 있다. 이 비석에 의하면 막강한 수메르 도시국가인 라가쉬와 움마 사이에 농지를 둘러싼 분쟁이 기원전 25세기 동안 끊이지 않았다. '독수리의 비석'과 다른 고대의 비문들은 이 분쟁의 대략적 역사를 알려준다. 수메르 최고의 신인 엔릴이 최초에 라가쉬와 움마 사이에 국경을 정해주었으나 두 도시는 그것의 실제 위치를 두고 다투었고 이후에 키쉬의 왕 메살림이 일종의 외부 중재자 혹은 신성한 중재인의 자격으로 국경의 분쟁지역을 탐방하고 자신의 결정을 담은 스텔라를 세웠다. 그럼에도 불구하고 라가쉬와 움마의 다음 지도자들은 농경지와 지역의 수로권을 두고 지속적으로 다툼을 벌였고 이에 결국 움마의 지도자가 스텔라를 제거하고는 모든 땅을 차지했다. 수년이 흐른 뒤 라가쉬의 지도자 에나툼은 보복 전쟁을 벌여 움마를 무너뜨렸다. 에나툼은 국경에 세워져 있던 스텔라들을 원상복구했고 국경을 표시하고자 관개수로를 만들었다. 그는 또한 움마와 맺은 냉혹한 평화 조약의 개요를 담은 두 번째 스텔라도 세웠다. 이 조약은 어떤 농경지가 라가쉬와 움마에 속하는지를 구체적으로 기록했고, 움마가 국경지역 바깥에 완충지대를 유지할 것을 의무화했으며, 라가쉬에게 조공을 바칠 것을 요구했다. 마침내 에나툼은 엔릴과 다른 신들에게 바치는 사당들을 세워 국경지역을 신성한 영역으로 확립하고자 했다. 이러한 스텔라들과 성지들은 국경의 일부에만 세워졌지만, 비문에는 국경의 모든 지역을 상세하게 기록하고 있다.

수 세기 동안 도시국가는 영토적이고 정치적인 조직체로 남아 있었지만, 중앙집권적 체제를 형성시키기 위한 광범위한 움직임이 이미 진행되고 있었다. 농업 생산성이 증대됨에 따라 도시국가들은 인구의 증가와 경제적 분화 과정을 이미 겪고 있었고, 또 확장된 관료제 및 군대를 유지하게 되었다. 이러한 변화에 따라 도시국가의 야심찬 지도자들은 이웃 도시국가들로부터 받는 조공에 만족하지 않고 정복, 병합으로 나아갔다.

고대의 비옥한 초승달 지대Fertile Crescent에서 발생한 또 다른 초기 국경 분쟁의 사례로서 키쉬의 지배자인 사르곤 대왕을 들 수 있다. 고대 왕가는 끊임없이 세워지고 또 전복되었지만, 사르곤은 확장된 형태의 중앙집권적 직접 통치 체제를 수립하고 또 유지해갔다. 사르곤은 그 이전까지는 독립되었던 도시국가들을 군사력으로 정복하여 기원전 24~23세기의 대부분 동안 메소포타미아 지역을 지배한 아카드 제국을 세웠다. 아카드 제국은 세계 최초의 제국이었다고 알려져 있다.

제국은 대체로 세습군주에 의해 통치되고, 한 명의 지배자에 의해 다스려진 적이 거의 없는 다양한 지역과 사람들을 아우르는 주권적 정치체다. 전통적 도시국가와 비교할 때 크기가 크고 또 다양성을 갖기 때문에 제국의 효과적 통치를 위해서는 복잡하고 확장된 행정체계가 필요하다. 이것은 흔히 보다 낮은 단위의 통치자나 중앙 권력에 봉사하는 행정가들에게 권력을 이양하는 일이 포함된다. 아카디아 제국의 경우 사르곤과 그의 후대 왕들은 수도권 이외의 타지역을 다스리는 엔시énsi라고 불리던 통치자들은 임명했다. 많은 경우 아카드인들은 정복된 도시국가들의 통치자들을 유입시켰으나 정복지는 제국의 중앙권력에 직접적으로 복속시켰다. 엔시들은 대체로 상당한 자율권을 보장받았으나, 조공을 바치는 대신 세금을 왕실금고로 직접 납부했고 왕의 명령을 시행할 의무가 있었다.

고대 메소포타미아 지역에 있던 아카디안 왕조와 이를 계승한 왕조들은 일견 세련된 정치체처럼 보였지만 실상은 허약했다는 것이 드러났다. 내부적으로 지역의 통치자들은 전통적인 도시국가로서의 자율권을 회복하고자 자주 반란을 일으켰는데 수메르의 엔시들은 아카디아 주군들에 대항하는 반란으로 악명이 높았다. 외부적으로는 이웃 도시국가들은 아카드인들의 공격으로부터 방어하기 위해 더욱더 긴밀히 협조하고 중앙집권화에 속도를 내게 되었다. 이러한 일은 오늘날 이란의 남서쪽 지역에 해당하는 엘람 지역에서 일어난 듯하다. 번영하던 제국은 이웃 도시국가들과 유목민 집단들의 매력적인 공격 목표물이 되었다. 오늘날 이란의 북부 지방에 해당하는 지역에서 온 구티족의 침략으로 아카디안 왕조는 마침내 몰락하게 된다.

고대 메소포타미아에 관해 간략히 살펴본 결과 고대 세계를 지배한 정치, 영토적 조직체로서 부족적 이주 집단 혹은 군장국[구티에인], 도시국가[라가쉬], 그리고 제국[아카디아 제국]이라는 세 가지 형태가 분명하게 나타남을 알 수 있다. 네 번째 가능성은 공통의 적에 함께 대항하기 위하여 뭉친 다양한 종족들이나 도시국가를 아우르는 일종의 연합인데, 이런 구조는 상대적으로 짧은 기간 동안만 존속했다. 이어지는 수 세기 동안 아시리아, 페리시아, 로마 등의 제국들이 등장, 확장하고 또 몰락했다. 도시국가 문화는 그리스, 페니키아 그리고 필리스티아 지역에서 번성했다. 힉소스인, 아르메니아인, 아모티인 등과 같은 유목 혹은 반半유목 집단들은 끊임없이 이러한 도시국가나 제국들을 약탈했고 가끔은 무너뜨리기까지 했다. 이것을 단순한 약탈 집단으로부터 도시국가를 거쳐 보다 복잡한 제국으로의 '규모의 확장scaling-up'으로 해석하지 않는 것이 중요하다. 도리어 고대 세계의 정치적 상황은 환경적 조건, 농업 생산성, 무역로, 군사 기술, 그리고 이웃 집단들의 상대적 힘의 변화에 의해 변동을 거듭했다. 주변 상황의 변화에도 불구하고, 각 정치체들은 영토와 사람 그리고 자원을 관리하고 사용하기 위한 전략과 체계를 발전시켜야만 했다.

유목 집단

고대 유목 집단은 선사시대의 수렵채집 집단과 표면적으로는 유사하게 보이나 이에는 상당한 오해의 소지가 있다. 유목 집단은 강우량이 적은 중앙아시아의 건초 지역 혹은 아프리카의 사하라 사막과 같이 농경이 어려운 지역에서 가축 사육 체계를 발전시켰다. 고대의 스키티아인들이나 훈족과 같은 집단들이 어떠한 영토적 조직체를 갖추었는지에 관해서는 거의 알려진 바가 없지만, 최근까지 유목 중심의 생활을 유지하고 있는 카자흐족이나 몽골인들로부터 우리는 많은 정보를 유추해낼 수 있다. 이들은 사적 토지권이나 토지의 내재적 가치에 관한 관념은 갖고 있지 않지만, 축산업에 대한 의존이 이들을 정치적이고 영토 중심적인 조직체로 만들었다. 목축 집단의 영토에 대한 접근은 대개 특정한 가문이나 친족 집단에게 속한다고 인식되던 계절성 방목지에서의 가축 이동을 중심으로 형성되었다.

유라시아의 거친 건초지역은 수 세기 동안 많은 유목민들의 삶의 터전이었다. 이러한 비非중앙집권적 집단들은 약탈대를 꾸리거나 공유하던 목초지를 외부인의 침입으로부터 막아내는 일을 함께했다. 결과적으로 이러한 유목민들은 중국, 중동 및 유럽으로 뻗은 정주定住 문화를 끊임없이 위협하는 존재였다. 유목집단 사이에 활발한 무역거래가 있었고 타 유목민 집단이나 정주하고 있는 이웃 집단들에 대항하고자 연합하기도 했다. 가끔은 강력한 유목민 족장들이 등장해 이웃지역의 유목민이나 정주민 집단을 정복할 정도의 강한 부족 연합을 구성하기도 했다. 몽골의 통치자 칭기즈 칸의 제국은 그중 가장 막강했고 13세기 말에 이르러 유라시아 지방의 상당 부분을 장악할 정도의 세력으로 성장했다. 칭기즈 칸 Chinggis Khan, 1162~1227과 그의 후계자들은 광활한 영토를 다스리기 위해 중앙집권적 행정체계의 발전에 박차를 가했는데 전통적 토지 사용은 지역 부족장들의 관할권으로 남았으나, 원原몽골 지역 너머의 영역 관리를 위해 관리들을 임명, 파견했다. 몽골 제국은 촘촘히 규정된 국경 대신 도로, 중계소, 그리고 얌Yam이라 불리는 전초기지의 광범위한 망을 통해 흩어져있던 행정 중심지들을 연결 지었다. 얌은 정보 수집과 전파, 교역 및 군대 배치의 동맥 구실을 했고 그때까지 한 번도 이어진 적이 없던 동아시아, 남서 아시아, 중앙아시아 그리고 남아시아를 연결 지었다.

고정적인 선으로 구분되는 국경은 없었지만, 유목민 집단들도 영토권의 개념을 갖고 있었고 분계를 사용했는데 다양한 유목문화 환경 가운데 존재하던 벽이나 담장으로 둘러싸인 매장지들을 일례로 들 수 있겠다. 이런 집단들은 광범위한 규모의 유동적인 영토권 개념을 적용하는 경향이 있었는데 유라시아 지역의 기동성 목축인들은 국경을 생태적 지역 또는 단순히 거리와 더 연관 지어 이해한 듯하다. 도구나 동물의 털, 가죽, 공예품, 직물 등의 물물교환에 관한 고고학적 증거는 청동기나 철기 시대에 숲, 습지, 사막, 산 그리고 건초지대가 만나는 곳에서 수렵 문화와 목축

문화 간의 거대한 문화융합이 일어났다는 것을 보여준다. '실크로드'가 중앙아시아 평원을 가로지르기 한참 전에, '모피 교역로'가 건초 지역 유목민들을 원거리 지역 및 북부 지방의 정주민들과 연결하였다. 확고한 국경 및 소유권에 대한 주장은 유목민들 사이에서 그다지 분명하게 나타나고 있지는 않지만, 영토권 혹은 영토권의 명확한 표징은 매장지, 무덤의 비석, 그리고 때때로 사슴 돌들이라 불리는 유라시아 대륙을 표시하는 바발babal이라는 비석에서 발견되고 있다. 이러한 표징들의 지리·정치적, 사회적 역할에 관한 논쟁은 계속되고 있는데 특히 이 집단들 가운데 정치체들이 영토 구분을 어느 정도로 요구했는가는 여전히 확실치 않다. 제국의 체계 내에서뿐 아니라 정치적 위계가 부재한 곳에서도 목축 경제는 존속될 수 있음이 증명되었다. 동아프리카로부터 몽골에 이르기까지 다양한 시기에 걸쳐 목축인들은 중앙에 정치권력을 두는 일을 피해왔다는 것 또한 알 수 있다. 유목민들이 영토권의 관념을 결여한다는 주장은 거짓이나, 그들의 영토권 개념이 오늘날의 정주민들보다 유동적이었음은 분명해 보인다. 바로 이 가변적 유목적 영토성이 팽창하던 정주민 집단의 독특한 건축양식이나 사회정치성을 여러모로 촉진하였다.

도시국가들

도시국가들은 대체로 100에서 1,000제곱미터의 규모에 인구도 5,000에서 25,000명에 이르는 자그마한 규모였다. 도시국가들은 고대 아테네나 콜롬비아 지역에 위치했던 테노치틀란과 같이 더 큰 규모로 성장하기도 했다. 학자들은 도시국가를 단순한 부족 군장사회로부터 복잡한 제국을 거쳐 마침내 근대 국가에 이르는 정치적 진화로의 전환기 단계로 간주한다. 그러나 이런 해석은 근대적 영토관의 무비판적 적용의 결과이며 도시국가들이 오랜 기간 동안 세계 곳곳에서 지배적 형태의 정치체였다는 사실을 무시한 분석이다. 예를 들면 문화, 기술적인 진전과 더불어 수메르 도시국가들은 거의 이천 년 동안이나 존속했다. 심지어 아카디아 왕국에 병합된 후에도 수메르 도시들은 자주 반란을 일으켰고 마침내 독립을 얻어냈다. 이것은 지역 내에서 도시국가가 지녔던 지속적 영향력과 생존력의 증거다. 도시국가들은 또한 세계의 다른 지역에서도 오랫동안 살아남았는데 남아프리카의 요루바 지역, 지중해 일대의 페니키아인들, 멕시코 협곡의 나와틀족의 도시국가 문화는 몇 세기 동안 번성했다.

도시국가들의 작은 규모를 고려하면, 영토를 관장하는 조직이나 관리체가 그다지 복잡하지 않으리라 추정할 수 있지만, 실제로는 그렇지 않았다. 고대 도시국가들은 분리된 자족적인 정치집단이라기보다는 상당한 수준의 상호교류가 있었던 공간적 군집의 경향이 있었다. 도시국가 집합체들은 정치·경제·문화적으로 협력과 경쟁 관계로 엮어진 위계적이지만 유연한 연결체였다. 기회는 최대화하면서 위협은 최소화하는 방식으로 도시국가들은 영토적 조직체로 결합되었다. 이는 실제로 이웃 도시국가들과 상호 이익이 되는 물질적·기술적·문화적 교환 활동을 하면서 동시에 외부로부터의 위협이 있을 때 확고한 방어태세를 견지함을 의미했다. 그러나 국경의 창출과 유지의 중요성뿐만 아니라 그에 필요한 자원들 그리고 어떠한 형태의 국경을 우선시해야 하는지에 관해서도 뚜렷한 변형들이 존재했다.

초기 도시국가들 가운데 고대 그리스의 도시국가, 즉 폴리스polis가 가장 많이 연구되었다. 그리스 도시국가의 문화·정치·경제에 관한 많은 정보들이 존재하지만, 고대 그리스인들이 어떻게 영토를 조직하였는지에 관해서는 많이 알려지지 않았다. 즉 학자들의 관심이 도시의 요새를 넘어서지 못했다. 이런 한계는 그리스 도시국가들의 영토를 그려내기보다는 그저 점으로만 표시하는 경향이 잘 드러내 준다. 그러나 도시국가들 간 전쟁을 빚어낸 영토 갈등의 숱한 사례가 있다. 많은 도시국가들, 특히 규모가 큰 도시국가들의 여행로는 국경의 가장 바깥쪽에 호로스horos로 알려진 돌로 표시를 했던 듯하다. 도시국가 경계의 신성화를 표시하기 위한 방안으로 종교보호구역이 자주 그 지역의 근처에 위치했다. 여행자들은 신들에게 제사를 지내며 경계를 넘었고 중립지대는 주로 이웃하는 도시국가들의 경계를 갈랐다. 상호 합의에 의해 이런 지대는 가축의 방목을 위해 개방되었지만 목축지의 개간이나 인구의 정착은 금지되었다. 고대 그리스 도시국가들 간 '경계' 전쟁은 실제 경계의 위치보다는 중립지대의 사용을 둘러싼 분쟁이 중심이 된 것으로 보인다. 이러한 중립지대와 국경의 종교적 함의는 전쟁의 결과로 생겨난 폴리스들 간의 영토 전환이 상대적으로 적은 이유를 설명하는 열쇠가 된다. 전쟁에서 패배한 도시국가들은 영토의 손실보다는 승자에게 협조하고 조공을 바치기를 요구 받는 일이 더 많았다.

고대 그리스의 도시국가와는 달리 고대 마야문명의 도시국가인 아하렐ahawlel은 대체로 외벽이 없는 도시국가들 사이에 경계를 표시하기 위해 상당한 노력을 기울였다. 정성스럽게 종교의식을 거행한 후 참석자들이 국경 주위를 걸어 다니며 경계를 표시하기도 하였다. 각 도시국가 영토 내 농경지 배분의 과정 역시 매우 중요했다. 각 마을에는 구획으로 나누어진 고유의 경작지가 있었고 마야제국은 땅을 사고팔지 않았기 때문에 각 구획은 가계 내에서 상속되었다. 조상에게 제사를 지내며 경계를 따라 걷는 의식을 통해 경작지의 경계는 유지되었다.

몇몇 도시국가들은 상당한 시간·노력·자원을 들여 영토표시를 하였지만, 이는 그다지 보편적 관례는 아니었다. 예를 들면 15, 16세기경 말레이 지방의 느가라negeri로 불리는 도시국가들은 경계 유지를 위한 별다른 노력을 기울이지 않았다. 말레이 지방 국가들은 수계 둘레에 자리를 잡았고 강 하구에 중심 도시가 위치했다. 도시 내륙 지역은 강 상류 및 지류에 산발적으로 위치한 느슨하게 통제되는 마을들로 이루어졌다. 강에서부터 떨어진 영역은 대개 밀림이었기에 경작지로 적합하지 않아 사람이 거의 살지 않았고 통행도 어려웠다. 결과적으로 강의 하구에 위치한 중심 도시가 내륙으로 경계를 확장하려는 노력 없이 강 유역에서의 자원·물자·인구의 흐름을 장악할 수 있었다. 연안 중심지에서는 내륙지역의 자체 지도자들에게 통치를 맡기고 중심 도시의 권력자는 직접 통치의 의도조차 없었던 것으로 보인다. 오늘날의 지도처럼 경직되고 연속적인 영토와는 달리 마야문명의 도시국가들은 각 공간들이 흡사 나무의 모습과 비슷한 연결망을 이루었던 것으로 보인다. 중심 연안 도시는 나무의 둥치처럼 아랫부분에 위치했고, 내륙 마을들은 위쪽의 나뭇가지 부분에 위치했다. 강 유역 사이의 교역은 거의 개별 도시의 중심지에서 이루어졌다.

국경 전략의 다양성은 환경조건의 차이, 정착 여부 및 인구 밀도, 농경 및 경제 활동 등의 변수로 설명된다. 예를 들어, 그리스 도시국가의 주변 지역은 대체로 풍요로운 목초지였으나, 말레이시아의 경우 경제적 효용이 거의 없던 강 주변을 벗어난 지역에는 별도의 경계 표시가 없었다. 즉 그리스의 북아프리카 식민지역은 해안을 따라 이웃 지역과의 경계 표시를 했으나, 내륙의 사막 지역은 별다른 경제적 가치가 없다고 판단해 경계 표시의 노력을 기울이지 않았다. 17, 18세기 유럽인들이 남동아시아 해안의 경계 구별에는 힘을 쏟았으나 내륙의 밀림지대는 구획을 나누지 않고 버려두었던 일도 비슷한 예에 속한다. 그리스인들도 영토 사이 지역을 중립지대로 남겨두곤 했지만, 마야인들은 모든 영토를 하나의 도시국가에 복속시켰다. 그리스의 경우 이웃 도시국가와 공유할 목초지가 필요했으나 마야의 경우는 집약 농업을 위해 분명하게 구획된 땅이 필요했다는 점에 의해 이런 차이의 설명이 가능해 보인다. 이와는 대조적으로, 말레이시아의 도시국가들은 식량 수급을 위해 강과 바다 그리고 무역에 의존하였다. 이러한 환경적, 농업적, 그리고 경제적 활동의 차이로 인해 각 지역은 각기 다른 영토 전략을 수립하게 되었다. 경계에 대한 뚜렷한 인식 차이에도 불구하고, 그리스의 도시국가와 마야문명의 아하렐 그리고 말레이시아의 느가라 모두가 중심 도시를 위한 인력, 자원, 그리고 내륙지역의 생산성을 이용하는 영토 전략을 사용했다.

제국

고대 사회에서 일반적으로 발견되는 정치적-영토적 체제의 세 번째 유형으로 제국을 살펴보려 한다. 대체로 하나의 도시국가가, 가끔은 하나의 유목집단이 자신들의 최초 본거지를 넘어 다양한 민족들로 이루어진 넓은 영토에서 정치·경제적 지배력을 성공적으로 장악했을 때 제국이 형성되었다. 제국의 대부분은 보편 왕권과 외지인들의 '문명화'에 막대한 노력을 기울인 세습 왕조에 의해 지배되었다. 왕조 지배권은 신성한 명을 부여받았다는 종교적 주장에 그 이념적 토대를 둔다. 결과적으로, 제국들은 그 이웃 집단이 유목 집단이든, 도시국가이든, 다른 제국이든 상관없이 그 목적이 이들을 예속시키려는 정책을 추진하는 경향이 있다. 바빌로니아나 도시국가 로마가 제국으로 성장한 것처럼 제국은 단지 규모만 크게 성장한 도시국가로 생각되기 쉽지만, 제국들의 효율적인 통치를 위해서 보다 광범위하고 위계가 잡힌 영토 체제의 수립이 필요했다.

영토의 직접 통제 혹은 간접 통제에 따라 초기 제국들이 크게 두 부류로 나눠진다. 몇몇 제국들은 수도에 있는 정책입안자 중심의 상당한 중앙집권체계를 발전시켰다. 제국의 중심부 밖의 영토는 지역 관리들이 다스리는 지역들로 나뉘었다. 대체로 제국의 중심부에 기반을 둔 귀족 가문에서 선출된 관리들은 법과 질서 유지의 책임이 있었고, 중앙정부에서 하달되는 정책을 시행하고 가장 주된 임무는 세금과 제국의 수도로 수송되는 자원 관리를 했던 것 같다. 예를 들어, 페르시아 제국은 제국의 이익을 대변하는 사트랍satrap이라 불리던 관리들이 다스리던 대략 12개의 지역으로 나뉘었다. 유사한 조직이 이집트, 로마, 그리고 잉카 제국에도 있었던 기록들이 있다.

다른 제국들은 보다 덜 중앙집권적인 통제 방식에 의존했다. 아즈텍 제국은 중앙 멕시코 지역의 다른 도시국가들을 성공적으로 지배한 테노치티틀란Tenochtitlan이라는 도시국가였다. 아즈텍 통치자들은 다른 지역의 영토를 직접 합병하지 않고, 지역 군주들이 군사력을 제공하고 충분한 조공을 중앙정부에 바치는 한 이들의 위치를 보장했다. 상당한 권한을 유지했던 지역 군주들의 지위는 세습되었다. 이러한 지배 체제는 상당한 상이점과 많은 유사점도 가지고 있었는데 이들은 모두 제국의 유지와 이익을 위한 지역 및 속국에서의 조공과 자원의 공급이 주요 목표였다. 지역 군주나 관리가 반란을 꾀하는 것 역시 양자 모두에게 지속적인 골칫거리였으며 내부의 반란이 적대적 이웃보다 더 큰 문제였다.

내치內治의 방식에 상관없이 제국들은 영토를 구축하고 외적 경계를 표시하기 위한 방법들을 모색했다. 지금도 남아있는 국경 방어시설의 잔재들로 미루어 보아 로마 제국은 선명한 외적 경계를 갖춘 매우 중앙집권적인 제국의 이상을 구현한 듯 보인다. 북잉글랜드 지방에 있는 하드리아누스 성벽, 요새들의 광범위한 연결망, 초소탑, 그리고 벽의 일부는 로마의 영토 통제의 분명한 경계선을 나타낸다. 그러나 로마 군인들이 야만인들을 막기 위해 벽을 따라 서서 수비를 했다는 주장에는 오해의 소지가 있다. 로마인들은 로마 지배의 경계를 표시하기 위해서가 아니라 북쪽 지역에 자신들의 존재감을 심어주려는 의도로 하드리아누스 성벽을 활용했다. 그런 의미에서 로마인들이 하드리아누스 성벽을 사용한 방식은 중국인들이 만리장성을 활용한 방식과 다르지 않다. 두 변경의 방어시설들은 분명하게 규정된 제국 지배권의 경계를 보여주지만, 제국의 교역 상대이자 갈등의 당사자인 북쪽의 종족 집단과의 명확한 국경선의 기능을 했던 것은 아니다. 하드리아누스 '성벽'에 남아있는 켈틱인과 로마 정착민의 잔재가 그러하듯 정착 양상에 대한 고고학적 증거들은 유목집단과 정착민들이 중국 만리장성 양쪽 모두에서 발견되고 있다. 실질적으로 이러한 장벽들은 제국 군대의 영토 통제와 양측을 통행하는 사람과 물자를 규율하는 플랫폼의 기능을 했다. 이러한 목표 달성의 실제적 역량을 중국과 로마가 가지고 있었는지는 시대에 따라 달랐다. 중국 왕조들은 수세기에 걸쳐 새로운 장벽을 세울 수밖에 없었고 로마도 결국 하드리아누스 성벽을 포기할 수밖에 없었다는 사실은 안정적인 변경을 유지하는 일이 쉽지 않음을 시사한다.

그림 3 _ **만리장성 같은 고대 요새는 엄격한 정치적 경계를 거의 의미하지 않았다.**

하드리아누스 성벽이나 만리장성과 같은 강력한 존재감의 건축물들은 명확한 영토적 경계를 보여주지만, 초기 제국들은 비교적 유동적이며 비결정적인 영토 관념을 가졌다고 보는 것이 옳을 것이다. 예컨대, 아시리아 제국에 관한 최근 연구는 전근대 국가들이 변경의 각기 다른 지역에서 상당히 다른 영토 전략들을 구사했음을 강조한다. 아시리아의 통치자들은 지역의 경제적 또는 전략적 중요성에 맞추어 변경 전략을 조율했다. 아시리아인들은 전략적 요충지에서는 행정처를 만들어 직접 통치를 했으며 식민지역

농민들의 새 정복지로의 강제 이주는 지역 생산성의 증대와 충성심을 고양시켰다. 반면 중요성이 떨어지던 지역의 경우는 족장이 지배하는 안전의 위협이 없는 정도의 중립지대로 유지된 듯하다. 또한, 아시리아인들은 외곽지역 중 일부는 제국의 확실한 통제 아래 둔 반면 다른 지역들은 방치했던 것으로 보인다. 아시리아 제국의 경우는 연속된 영토를 가졌다기보다는 뚜렷한 정치체계를 갖추지 않은 지역들을 하나의 연결망으로 엮어 통치한 것으로 묘사될 수 있겠다. 아즈텍 및 사산 왕조의 변경 정책도 유사한 패턴을 가진 것으로 보인다. 자연 지형, 반대 세력의 공격력, 그리고 경제적 중요도에 따라 몇몇 변경들은 제국에 충성하고 조공을 바치면서 지역 지도자가 대리 통치된 반면, 다른 지역들은 제국의 직접 통치하에 관리되었으며 몇몇 변경지역은 기본적으로는 방치되었다.

유동적인 영토 체제로서의 고대 정치체들

초기 유목 공동체, 도시국가, 그리고 제국은 다양한 신념과 활동을 통해 국경을 건설하였다. 경제, 문화, 정치, 환경적 조건의 차이를 고려하면, 서로 다른 시공간을 살던 집단들이 서로 다른 접근법으로 영토, 경계, 그리고 지배 방식을 취한 것은 그다지 놀랍지 않다. 이러한 접근법들은 예상보다 훨씬 더 미묘하고 유연했다. 많은 학자들은 고대 정치체들이 영토의 통제보다 인구이동의 통제에 더 관심을 기울였다는 주장을 해왔다. 왜냐하면 지배층 유지에 필수적인 농업 생산성의 극대화를 위해서는 노동력의 공급이 매우 중요했기 때문이다. 이 주장에 이견의 여지는 있지만, 영토 및 국경 전략의 다양성은 안정적이고 원활한 노동력의 확보뿐만이 아니라 영토의 지배권을 선언하는 일이기도 했다. 이 주장으로 왜 많은 고대 정부들이 비교적 모호한 경계 짓기에 대체로 만족했는가에 관한 설명이 가능해진다.

오늘날의 지도들은 초기 유목집단들을 비영토성, 도시국가의 단순성, 그리고 제국의 명확한 경계 짓기와 정치적 영토성으로 표현하는 경향이 있다. 이러한 지도 그리기 방식은 당대의 현실이나 역사적 증거보다는 오늘날 세계의 현재적 관점을 과거에 투영한 결과이다. 이러한 단순화는 고대 국가의 형성, 영토권, 경계에 관해 두 가지 오해를 초래한다. 첫째, 역사를 유목민들로부터 도시국가를 거쳐 제국에 이르는 작고 단순한 것으로부터 크고 복잡한 것에 이르는 멈출 수 없는 진화 과정으로 해석하는 오해다. 그러나 이러한 단선적 서술에 반하는 예, 즉 도시국가 '단계'를 거치지 않고 제국을 구성한 다수의 작은 규모의 정치체나 유목민 집단들이 존재한다. 둘째, 고대 정치체들은 선명한 국경선으로 표시된 영역에서만 통제권을 행사했다는 오해다. 초기 유목민 집단, 도시국가, 그리고 제국이 특정 지역에서 절대 권한을 행사했을 수는 있지만, 수 세기 동안 각 정부의 명목적 영토에서도 다양한 수준의 권한과 정치영토의 통제가 이루어져 왔다.

이러한 고대 정부 내에서 전략적인 수송로에 의해 분할된 지역들이 이어져 영토 통제의 연결망처럼 작동했다. 외부적으로는 국경은 주권 지역을 명시하기 위해서라기보다는 제국의 근거지와 의존국, 적대 집단, 그리고 비결정적 지역이 혼재한 상황에서 유동적인 수송을 위한 변경 지역처럼 기능했다. 수도까지의 거리 또는 자연 장애물 때문에 접근이 제한된 지역들은 종종 이러한 내외적 구분을 가로질렀고, 비록 더 높은 단위의 주권체에 의해 이런 지역에 대한 명목적 영토권이 주장되어도, 접근 장애 지역은 다양한 종족 집단들이 자율적으로 활동할 수 있던 피난처가 되었다. 정치권의 행사에 있어서 이러한 영토의 공백들을 제거하고 싶은 욕구는 궁극적으로는 근대 국가 체계를 이루는 데 영향을 끼치면서 새로운 영토 및 경계 전략 수립을 위한 강력한 동기가 되었다.

제3장

근대 국가 체제

근대 국가의 기원
자연 경계에서 국가 국경으로
국민, 국가, 국민국가
식민주의와 주권
식민지 경계의 탄생
선거구와 경계

고대 시대의 영토 지배가 언제나 명확한 경계에 근거했던 것은 아니다. 그러나 가변적이고 유연하게 적용되었던 과거의 접근법은 점차 표준화되고 경직된 개념으로 대체되었다. 그 구성 요소들은 이른바 근대 국가 체제로 알려진 국경, 영토, 주권이다. 오늘날 특정한 영토 내의 인구와 자원에 대한 절대적인 주권을 갖는 것으로 인정받는 정치체들이 토지 분할에 근거한 독립된 국가들로 세계의 지형도를 구성하는 것이 당연시되고 있다. 하지만 이러한 체제의 발전은 점진적이고 여러모로 불완전한 과정이었다. 근대 국가 체제는 유럽에서 먼저 등장했으며 식민주의를 통해 전 세계로 확산되었다. 국가 체제의 출현에 관한 이해는 세계화 시대의 국경과 영토에 대한 최근의 논쟁을 이해하는 토대를 마련해준다.

근대 국가의 기원

근대 국가 체제는 11세기 초 서유럽에서 발생했던 경제, 사회, 정치의 다방면에 걸친 변화들에서 그 기원을 찾을 수 있다. 이 당시에도 프랑스나 영국과 같은 친숙한 이름을 지도에서 찾을 수 있지만, 이 정치체는 지금과는 확연히 다르게 구성되어 있었다.

중세 유럽은 주권국가가 아닌 봉건제 사회였다. 봉건제는 영주와 봉신 간의 특권과 책무라는 복잡한 형태로 이루어진 정치 구조였다. 9세기에 카롤링거 제국이 쇠퇴하면서 프랑크 군주들은 그들의 부하들에게 급여를 지급하는 것에 점점 더 어려움을 느끼게 되었다. 이에 군주들은 금전적 보상 대신에 지휘관들을 봉신으로 임명하며 토지를 분배해 주어 경제적 생산물을 취할 수 있는 권리를 주었다. 그에 대한 보답으로 봉신들은 영주에게 충성과 군사력의 제공을 약속했다. 결과적으로 봉건제는 경직된 영토 구조보다는 개인적인 충성 서약과 의무에 기반하고 있었다. 군주와 봉신의 관계는 영토의 위치가 아니라 그들 간의 개인적인 책무로 얽혀 있었다.

봉건제는 국왕보다 아래에 귀족을 위치시키는 명확한 위계질서를 가졌던 것으로 보인다. 실제로 국왕은 영토에 대한 궁극적인 소유권을 보유하였고 봉신이 그의 의무를 다하지 않거나 사망하는 경우 영토를 재분배할 수 있었다. 그러나 중앙의 권위가 점차 약화되면서 봉신들은 그들의 봉토에 대한 세습적 지위를 얻을 수 있었다. 점차 지방의 귀족들은 독립적인 세력으로 성장하였고, 국왕이 봉토에 대한 통치권을 상실함에 따라 그들 자신의 봉신을 임명하기에 이르렀다. 귀족 가문들 간의 혼인과 토지 거래, 정교한 상속 관습 그리고 군사 정복은 이러한 상황을 더욱 복잡하게 만들었다. 그 결과 정치적 권위는 분권화되고 영토가 나뉘며 관할권이 중복되게 되었다. 예를 들어 부르고뉴 공작들은 프랑스 왕국 내에 넓은 토지를 소유하고 있었고, 신성로마제국에도 상당한 영토를 보유하고 있었다. 여기에 로마 가톨릭교회는 일정 정도의 보편적 권위를 주장하기까지 했다. 이에 따라 공작들은 프랑스 국왕과 독일 황제 그리고 교황들에게 그들의 충성을 동시에 보여야만 했다. 이러한 복잡한 구조를 고려하면 세금이 징수되고 의무가 이행되며 서약이 지켜지는 한, 특히나 인구가 적은 지역에서는 영토의 경계가 꼭 필요하거나 도움이 되지도 않았다.

역설적이게도, 명확하게 구분된 영토 내의 국가 주권에 입각한 정치 구조는 중복된 관할권과 모호한 국경으로 정의되는 봉건제에서 그 기원을 찾을 수 있다. 정확한 원인과 시기에 대해서는 논쟁의 여지가 있지만, 중세 후기 중앙집권화된 정부가 영토들에 대한 정치, 경제적 통제를 강화하면서 근대 국가 체제가 형성되기 시작했다는 것에는 이견이 없다. 이러한 변화의 이유는 복합적이라 할 수 있지만, 이것은 대체로 1000년경에 시작된 농업 생산량의 증가, 상품 생산의 전문화, 화폐 교환 그리고 장거리 무역과 같은 일련의 경제적 변화와 관련되어 있다. 이러한 변화들은 도시들의 발전과 장인이나 상인과 같이 점점 더 영향력을 갖게 되는 새로운 계급의 등장을 촉진하였다.

도시 권력의 성장은 기존 봉건적 관계의 질서를 저해했고 새로운 정치적 합의가 이루어질 기회를 제공해주었다. 도시들은 일반적으로 경제 성장과 무역을 촉진하는 정치적 안전망과 안정성이라는 동일한 목표를 공유하고 있었다. 국왕과 봉건 귀족들은 이렇게 늘어난 도시들의 부를 그들의 경쟁에 이용하고자 했다. 그러나 유럽 전역의 도시들과 귀족들 그리고 군주들의 상대적인 힘의 격차는 상이한 정치적 결과들로 이어졌는데 그들은 이른바 도시동맹, 도시국가, 영토국가라 할 수 있다. 이러한 권력의 재분배는 봉건제의 분권 논리와 교황과 황제의 보편권 주장을 점차 대체했던 영토 기구에 대한 새로운 접근을 동반했다.

독일의 도시들은 독자적으로 행동할 만큼 충분히 강하지는 않았고 독일의 왕들은 이탈리아를 신성로마제국으로 편입시키려는 노력들로 인해 권력이 약화되었다. 그에 따라 도시들은 도시동맹을 맺고 귀족들로부터 자신들의 이익을 지켜내고자 했다. 이 동맹은 의사결정이 분권화되어 있고 구성원들에 대한 권력이 제한적이며 도시의 성벽 너머로는 경계가 모호하다는 특징을 가진 여러 도시들의 연맹이었다. 이탈리아에서 몇몇 도시들은 자체적으로 그들의 정치, 경제적인 이익을 지킬 수 있을 정도로 성장했는데, 그 결과 그들은 교황이나 황제에게 권력을 집중시키려는 시도에 저항하였고 대안으로 독립적인 도시국가를 구성하였다. 이 도시국가들은 영토국가들과 유사한 외부의 국경을 갖고 있었지만, 내부의 조직은 상당히 분열되어 있었다. 지배적인 도시국가는 인근의 마을들과 소규모 도시들을 약탈하는 방식으로 통치하여 중앙정부의 권위에 대한 지속적인 도전을 야기했다.

프랑스의 도시들은 그 힘이 가장 약한 편이었고 도시국가는 물론이고 도시연맹조차도 스스로를 방어할 능력이 없었다. 프랑스 카페왕조의 왕들은 상대적으로 약한 일부의 지역만을 통치하였기에 프랑스의 왕과 도시 상인 계급은 그들에게 공동의 위협이었던 귀족들에 맞서기 위해 뭉쳤다. 도시들은 왕의 중앙 통제력의 성장을 도왔고 왕은 그 대가로 귀족들로부터 도시들을 보호했다. 왕과 도시들은 자신들에게 유리한 경제적 여건을 조성한다는 공통의 이해관계를 갖고 있었는데 그것은 바로 정기적인 조세 체제, 중앙집권적 관료제, 획일적인 사법 제도, 상비군, 수송 인프라와 같은 것이었다. 그리고 이는 동시에 귀족들과 교회, 길드의 영향력을 축소시킬 수 있는 것들이었다. 1300년경 프랑스 왕과 도시들의 이러한 협력관계는 상대적으로 분명한 외적인 국경과 내적으로는 군주에 의해 행사되는 주권을 가지는 영토국가의 출현을 이끌어냈다.

이러한 세 종류의 정치 기구는 봉건제가 쇠퇴하는 가운데 공존했는데 점차 영토국가가 가장 효율적으로 정치, 경제적 상층부들이 원하는 안전망과 안정성을 보장하는 것이 입증되었다. 1500년경에는 세습군주가 통치하는 영토국가들이 서유럽지역에서 연합하고 있었다. 실제로 일부 군주들은 점점 더 중앙집권화되는 행정체계와 향상된 군사력을 발판삼아 신성한 권리를 가진 절대적 권위를 주장하기도 했다. 여러 측면에서 절대군주제는 군주 통치와 특권이라는 봉건제의 특수한 면들과 도시를 기반으로 한 중산층의 정치, 경제적 힘이 증가하는 것을 조화시키려 한 타협책이었다. 봉건제와 절대주의적 영토체제 간의 양립 불가능성은 종교개혁과 종교전쟁이 전 유럽을 한 세기 이상 격렬한 대립의 장으로 만든 그때에 마침내 정점에 달했다.

1555년의 아우크스부르크 화의Peace of Augsburg와 1648년의 베스트팔렌 조약은 새로운 정치 질서로 근대 국가 체제라는 새로운 영토 개념을 기본 원칙으로 제시함으로써 이러한 갈등을 해결하고자 했다. 수십 년간의 간헐적인 충돌 이후 유럽 국가들은 각자가 특정 영토에 대해 배타적 권리를 가진다는 점을 인정하는 데에 합의했다. 여기에는 세 가지의 주요한 함축적 의미가 담겨 있다. 첫 번째로는 자주적인 주권 개념 즉, 국가가 외부의 간섭 없이 그들의 영토를 자유롭게 통치할 수 있다는 원칙이었다. 둘째로는 국가가 국제 외교 무대와 전쟁에서 합법적으로 인정받을 수 있는 유일한 기관institutions으로 간주된다는 것이다. 마지막으로, 군주는 절대적 주권의 주장과 행사를 위해 영토와 인구, 자원을 가를 수 있는 정확한 국경을 그려야 했다. 모호한 국경은 중세 시기의 유연하고 중첩되는 통제 방식에는 어울릴 수 있었지만, 새로운 절대 국가 주권 개념에는 더 이상 적합하지 않았다.

자연 경계에서 국가 국경으로

유럽 국가들은 급성장하는 자본주의 경제와 국가관료제의 확장, 군사 조직의 개편, 그리고 근대 민족주의의 출현에 힘입어 주권 영토의 정확한 경계를 정할 수 있게 되었다. 측량법과 지도제작 기술의 발전은 공간 측정의 정확성을 높여주어 경계를 정하는 것을 한층 수월하게 만들어주었다. 그러나 어떤 기준으로 경계가 그려져야 하는지는 아직 명확하지 않았다. 17세기와 18세기까지는 강이나 산맥과 같은 자연 지형에 따라 국경이 그려져야 한다는 생각이 지배적이었다. 각 군주의 영토적 주권 범위를 자연이 이미 표시해두었다는 가정은 경계 결정의 '합리성'을 제공해주었다. 만약 자연에 의해 '정확한' 경계가 미리 결정된 것이라면 국가는 그에 맞게 국경을 조정하면 되는 것이었다.

자연의 경계들을 사용한다는 개념이 국가의 국경을 정하는 객관적인 근거로 보이긴 했지만, 실상은 자신들의 지정학적 의도를 정당화시킬 수 있는 자연적 특징을 선택하는 경향이 있었다. 예를 들어 프랑스에서는 라인강을 프랑스의 자연스러운 동쪽 경계라 주장하였는데, 이 주장은 프랑스가 라인강을 따라 영토를 합병하려 했던 시도와 맞아떨어지는 것이었다. 이처럼 실제로는 프랑스를 비롯한 여타 나라들은 당시 자신들의 국경 너머에 있는 자연환경의 특징들을 선택하는 경향이 있었다. 그중 일부만이 영토를 축소시킬 수 있는 자연지리를 선택했을 뿐이었는데 자연의 경계들에 대한 개념은 일반적으로 영토 팽창을 위한 은밀한 구실에 지나지 않았다.

군주들이 절대 권력을 내세우기는 했지만, 점차적으로 증가하는 정치 참여와 대의제에 대한 요구에 직면하게 되었다. 국가의 지배권은 군주들이 쫓겨나거나 허수아비 같은 존재로 전락하게 되면서 점차 민주적으로 선출된 정부로 옮겨가게 되었다. 이는 많은 요인들이 결합된 전환이라 할 수 있는데 가장 중요한 지점은 대중적 현상으로서의 민족주의의 출현이라 할 수 있다. 근대 민족주의의 발흥은 국가 주권에 대한 개념을 뒤바꾸어 놓았다. 예컨대 민족이 문화와 언어, 역사를 공유하는 특정 집단이라 본다면, 민족주의는 국가가 그 구성원들에게 일차적인 충성을 명령하고 또 국가는 주권이 미치는 영토 내에서 자결권이라는 고유권리를 가짐을 상정하는 정치 이데올로기이다. 이전에는 군주가 국가와 주권을 상징했었는데 이러한 개념은 프랑스의 루이 14세가 죽기 전에 외쳤다는 "짐이 곧 국가다L' état c' est moi"라는 말에서 잘 드러난다. 그러나 미국혁명과 프랑스혁명 그리고 영국 의회 통치의 확장에 따라 군주권의 개념은 점차 대중적, 국가적 주권으로 대체되었다. 국가는 군주가 아닌 국민의 주권을 구현하게 되었고 19세기 말에 이르면 국가의 정치적 국경과 국민의 문화적 경계가 일치한다는 국민국가 개념은 일반적으로까지는 아니더라도 이상적인 것으로 여겨지게 되었다.

독일에서의 조국 개념의 형성과 보급 과정은 군주주의에서 국가주권으로의 이동을 명료하게 예증한다. 프랑스혁명의 여파로 국민 주권에 대한 열망이 확산되면서 독일 민족은 수많은 공국, 주교 관할지역, 소국들로 나뉘어 있는 현실을 자각했다. 이에 독일 민족주의자들은 통합된 독일 민족국가의 설립을 요구하면서 어느 지역이 포함되어야 하는지에 대한 의문을 제기했다. 독일의 시인 에른스트 아른트Ernst Moritz Arndt, 1769~1860는 그의 시 「조국 독일The German Fatherland」에서 가장 설득력 있는 답변을 제시했다. 그는 독일의 조국은 "어디서든 독일어와 독일어 찬송가 소리가 들리는 곳"이라 기록했다. 아른트와 다른 독일 민족주의자들은 국가의 경계를 자연적 특징에 의존할 것이 아니라 민족언어적 기준에 두어야 한다고 생각했다. 즉, 독일어를 사용하는 모든 이들을 포함해야 한다는 주장이었지만, 1871년 독일 국가가 탄생했을 당시 상당수의 독일어권 주민들이 배제되었다. 물론 모든 게르만족을 포함할 수 있는 국가의 확장은 나치의 국가사회주의 운동을 포함하는 민족주의자들의 숙원사업으로 남아 비참한 결과를 초래할 뿐이었다.

국가 주권에 대한 새로운 개념이 받아들여지면서 국경은 자연적으로 구분될 것이 아니라 민족적, 언어적 경계와 일치해야 한다는 주장이 점점 더 보편적으로 제기되었다. 예를 들어 프랑스의 국경은 모든 프랑스 사람들과 토지를 포함할 수 있도록 그려져야만 했다. 이탈리아도 마찬가지로 통일된 국가 설립을 추진하였고, 동부 유럽에서는 다민족 제국에 맞서는 수많은 민족주의 운동이 전개되었다. 왕실 소유지에 대한 군주권을 바탕으로 시작되었던 국가 체제는 점차 민족의 조국에 대한 국민 주권에 기반하는 국민국가 체제로 발전해 나갔다.

국민, 국가, 국민국가

제1차 세계대전 후의 평화협상에서 명시된 것처럼 이전의 자연 국경 개념과 같이 국경을 그려 민족주권을 성립하려는 발상은 이루어지기는 어렵다. 미국의 윌슨 대통령Woodrow Wilson, 1856~1924은 전쟁을 종결하고 이후의 분쟁을 예방하고자 제시한 14개 조항에 국경은 민족언어적으로 구분되어야 한다는 새로운 관점을 반영하였다. 그는 이탈리아 국경을 "민족nationality에 따른 명확한 구분선"으로 다시 그려서 터키 국민들에게 '안정된 주권'을 부여할 것을 주장했고, "명백한 폴란드 사람들이 거주하는" 그리고 "정치 경제적으로 독립된 온전한 영토를 가진" 폴란드의 수립도 주장했다. 그러한 관점에서 그는 "여러 국가에 정치적 독립과 영토 보전을 보장해줄 수 있는 국제 연맹"의 창설을 제의했다.

윌슨의 제안이 베스트팔렌 조약의 원칙을 되풀이하기는 했지만, 민족주의라는 새로운 언어를 담았다고 볼 수 있다. 국가는 여전히 구분된 영토에 대한 주권을 가지는 독립적 주체로 여겨지기는 했지만, 국경은 민족과 언어의 차이를 반영해야만 했다. 오스만제국과 오스트리아 제국과 같은 다민족 국가는 지나간 과거의 잔재로 치부되었고, 폴란드와 헝가리는 새로운 민족국가로 탄생하게 되었다. 그러나 국가의 국경을 민족과 언어에 따라 조정하는 것은 자연 경계에 따라 국경을 설정하려 했던 시도만큼이나 어렵고, 주관적이며 논쟁적인 것으로 드러났다. 실제로 민족언어적 집단을 뚜렷하게 구분하는 것이 어려웠으므로 민족주의자들은 어느 나라가 특정 영토를 주장할 수 있는지에 대한 논쟁을 벌였다. 1800년 이래로 유럽 정치사의 대부분은 지방에서의 절대봉건주의 국경을 새로운 민족국가의 틀에 맞추어 조정하려는 움직임과 관련되었다고 해도 과언이 아니다. 이 과정에서 국경은 원인과 결과라는 이중의 역할을 모두 수행하게 되었다. 민족이나 종족 정체성으로 국경이 형성되기도 하였지만, 국경이 새로운 민족과 종족의 정체성을 만들어내는 측면도 있었다. 불행히도 이러한 새로운 국경 형성의 과정에서 많은 죽음으로 대가를 치르면서 수차례의 영토 재조정이 이루어졌다. 이런 현상은 특히 제2차 세계대전이 진행되던 순간과 전후의 시기에 극심하게 나타났다.

그 결과, 유럽은 군주가 다스리던 지역에서 더 많은 민족 집단에 상응하는 국경으로 분리된 민주주의 국가로 발전하게 되었다. 예를 들어 전간기interwar의 폴란드는 폴란드인이 60% 정도만 차지했던 다민족 국가였지만 야만적 살상이 벌어진 제2차 세계대전을 통해 인구적, 영토적으로 상당한 변화가 생겨 현재는 폴란드인이 96% 정도를 차지하기에 이르렀다. 냉전 이후 격변의 시기에는 소련, 체코슬로바키아, 유고슬라비아가 민족언어학적 구분에 따라 나뉘게 되었다. 이는 현재의 유럽 국경이 민족별로 완벽하게 구분되었다거나 국경 문제가 종결되었다는 뜻은 아니다. 실제로, 상당히 많은 수의 소수민족들이 유럽 전역에 퍼져 있으며, 국경의 수정을 통한 새로운 국민국가 설립을 지지하는 민족주의 운동도 벌어지고 있다. 영국의 스코틀랜드인이나 스페인의 바스크인, 벨기에의 네덜란드인을 예로 들 수 있다.

국경을 조정하고 영토를 재분배하려는 지속적인 노력은 오늘날 국제 체제가 형성될 때부터 내재하고 있던 긴장감을 잘 보여준다고 할 수 있다. 그것은 이른바 국가 주권의 보장 그리고 영토 보전과 자결권에 대한 국가의 권리를 인정하는 것 사이의 갈등 관계라 할 수 있다. 주권 국가를 가르는 첨예한 정치적 국경과 민족언어학적으로 집단을 구분하는 애매모호한 문화적 경계를 조화시키는 일은 매우 어렵다. 이러한 모순은 전쟁을 종식시키고 국제적 협력을 증진 시키려는 목적으로 1945년 창설된 유엔 헌장에도 고스란히 담겨 있다. 유엔 헌장 제1조에는 "사람들의 평등권과 자결의 원칙을 존중하는 것에 기반한 민족들 간의 우호관계" 증진과 "이러한 공동의 목적을 달성하기 위한 각국의 활동을 한 곳에 어우르는 중심"이 되고자 하는 유엔의 목적이 제시되어 있다. 그러나 제3조에는 회원국의 자격을 '평화애호국'으로 제한하고 있으며, 제2조에서는 모든 회원국에 대한 "주권 평등의 원칙"을 인정하고 유엔이 "어떠한 국가의 국내 관할권"에 관한 사안에 간섭하는 것을 금지하고 있다. 이러한 면에서 유엔은 그 명칭과는 달리 민족들이 아닌 국가들의 기구로 봐야만 한다. 터키와 중국은 동등한 주권 국가로 인정되지만 쿠르드족이나 티베트족은 그렇지 않다. 이와 같은 모순점이 현재 세계 각지에서의 갈등의 뿌리라고 할 수 있다.

식민주의와 주권

유럽에서 봉건제로부터 절대주의와 영토 민족국가로의 전환이 이루어졌던 것과 동시에 유럽인들은 식민지의 확장에도 열중하게 되었다. 식민주의는 국가가 일반적으로 인정받는 국경을 넘어선 영토에 대한 직접적인 정치, 경제적 통제를 확고히 하는 것을 일컫는다. 유럽의 식민주의는 경제적 기회주의, 지정학적 경쟁, 선교에 대한 열정, 더 나은 기회를 쫓는 정착민과 같은 여러 요인들에 의해 이루어졌다. 정확한 동기가 무엇이었든 간에 그 결과는 대개 식민지와 토착민들이 아닌 식민지 지배세력과 정착민들에게 더 많은 이윤을 안겨주는 불평등한 관계로 귀결되었다. 아프리카, 아시아, 아메리카에 대한 유럽 식민지배의 확립은 식민지의 토지,

사회, 경제 전반에 걸쳐 극적이고 때로는 파괴적인 변화들을 일으켰다. 주권과 영토, 그리고 국경에 대한 유럽 개념의 도입도 특히 그러했다. 비유럽 사회들이 그들 각자의 영토 조직에 대한 개념을 갖고 있었지만, 근대 국가 체제의 토대를 마련해준 것은 유럽인들이 식민주의를 통해 유입시켰던 정치, 지리적 개념이었다. 유럽의 영토 조직의 팽창은 식민주의에 있어 필수불가결의 요소였다. 이런 새로운 영토들에 주권을 확립하는 첫 단계로 유럽 국가들은 유럽의 영토 국가 모델에 부합하도록 지도 제작과 영토 재편에 착수했다. 유럽인들이 보기에 식민지 영토는 기본적으로 '비어 있는' 땅이었다. 비록 그곳에 이미 사람들이 살고 있고, 사회가 형성되어 있으며, 정부가 존재하고 있음에도 말이다. 기존의 토지 소유 체제와 자원 접근 방식은 급격하게 변하고 사라질 것이었다.

1494년의 토르데시야스 조약은 유럽인들의 영토 주권 개념을 유럽 외부 지역에 도입하려는 최초의 시도 중 하나였다. 스페인과 포르투갈은 일찍이 식민지에 눈을 떠 자신들이 비유럽 지역을 모두 차지하고 다른 유럽 국가들이 경쟁에 뛰어들지 않기를 원했다. 그들은 이 조약으로 북대서양에서 남아메리카에 걸치게 자오선을 그었고 이 경계선 서쪽의 영토들은 스페인, 동쪽은 포르투갈에 속한다고 주장했다. 1529년에는 사라고사 조약을 통해 태평양에서 그들 간의 영유권 경계를 만들어냈다. 이 조약들은 다른 유럽 열강들에게 받아들여지지 않았기 때문에 실제적인 영향은 미치지 못했지만 이는 유럽 영토 국가가 세계적인 표준이 되는 긴 여정을 알리는 시작이었다.

식민주의는 그 규모나 유럽인들의 통제라는 측면에서 불균등하게 이루어졌다. 일반적으로 유럽 식민주의는 크게 두 단계로 나눌 수 있다. 첫 번째 단계는 15세기 후반에 시작되었다. 유럽의 신흥 영토 국가들은 해외에서의 활동을 대규모로 진행하기에는 재정적인 여력이 부족했기 때문에 많은 식민지는 반은 공적인 성격의 상업적인 모험이었다. 공인된 회사들은 식민지에서의 탐험과 매입, 관리를 위해 민간의 투자를 받았고, 그에 대한 대가로 유럽의 정부들은 이들에게 투자자들의 이익 보전을 위한 식민지와의 무역 독점권과 같은 경제적 특혜를 주었다. 이러한 상업적 식민주의는 명목상으로는 본국 정부의 지배를 받지만, 회사 임원들이 식민지를 실질적으로 간접 통치하는 형태로 이루어졌다.

영국의 동인도회사와 같은 공인 회사들은 다른 유럽의 국가들과 겨룰 수 있을 정도의 강력한 군사력을 보유하게 되었음에도 불구하고, 회사의 임원들은 비교적 조심스럽게 영토를 통제하였고 대개 토착 상인들과 지배층들과의 무역을 수행하는 소규모 해안 정착지들을 관리했다. 이들은 영토를 지배하는 것에는 그다지 관심을 갖지 않았는데 넓은 영토를 요구하거나 명확한 국경을 주장하는 것도 관심사가 아니었다. 이들에게는 교역이 원활하고 경쟁 회사들이 거리를 두는 한 그것들은 불필요한 영역이었다.

물자 이동의 통제에 관심을 두고 있음에도 불구하고, 공인회사들은 그들이 경쟁 회사들의 권리를 제한하기 위한 선제적인 전략의 차원에서 점점 더 많은 영토를 관리하게 되었다. 공인회사들은 곧 정부의 압력을 받게 되었고 동시에 유럽국가들은 실질적으로 영토를 통제할 수 있는 능력을 쌓아가고 있었다. 이것은 유럽 식민주의가 두 번째 단계로 나아가고 있었음을 보여준다. 즉, 초기의 간접 통치에서 본국의 직접적이고 공식적인 통치로의 이행이다. 이러한 변화는 아프리카와 아시아보다 아메리카에서 먼저 시작되었고 1900년까지 유럽 국가들은 그들의 식민지 영토에 대한 영유권 주장을 확대해 나갔다.

식민지 경계의 탄생

상업 식민주의에서 국가 식민주의로의 전환은 유럽 국가들의 통치 영역을 크게 확장시켰고 유럽 영토 국가 모델을 식민지 영토에도 적용시켜 궁극적으로 명확한 국경의 필요성을 수반했다. 이는 특히 아프리카 분할의 과정에서 가장 뚜렷이 보이는데 유럽의 국가들은 19세기에 공인회사들로부터 해안 지역의 직접적인 통제권을 넘겨받은 이후에 아프리카의 내륙 지역을 차지하기 위해 신속하게 전진했다. 이들의 식민지 확장 경쟁은 전쟁으로 이어질 위험성이 있었기 때문에 유럽의 지도자들은 1884~85년 베를린 회의를 개최했고 현재 아프리카에서의 정치적 국경이 탄생하게 된 것은 이 회의와 이후의 협상을 통해서였다. 유럽의 지도자들은 아프리카의 토지와 사람들에 대한 제한적인 정보를 가지고 아프리카인들의 의견을 배제한 채로 국경의 재편성을 진행했다. 아시아의 대부분 지역에서도 이와 비슷한 과정이 이루어졌다. 16세기 초에는 전 세계의 정치체들이 비교적 모호하고 분명하지 않은 경계를 가졌지만, 1900년까지는 식민지 열강들이 그들의 영유권 주장을 위한 정확한 경계를 긋기 위해 서두르면서 이러한 상황은 극적으로 달라졌다.

유럽인들의 식민지 확장과 국경 분계선은 유럽인들의 통제를 받지 않는 지역에까지 영향을 주었는데 19세기 동안 영국과 프랑스는 시암 왕국오늘날의 태국이 독립할 때까지 동남아시아에서 식민지를 확장하고 유럽적 영토 개념을 투영했다. 유럽인들은 절대적인 주권을 상정했지만, 시암 왕국은 중앙 군주와 외곽 지방 통치자들이 통치권을 공유하는 형태를 가졌었다. 영국 대사들은 시암 통치자들에게 반복적으로 국경에 대한 협상을 시도했고, 시암의 군주들은 지방 지도자들이 중앙정부에 충성을 다하고 의무를 다하는 한 외곽의 국경은 중요하지 않다고 여겼다.

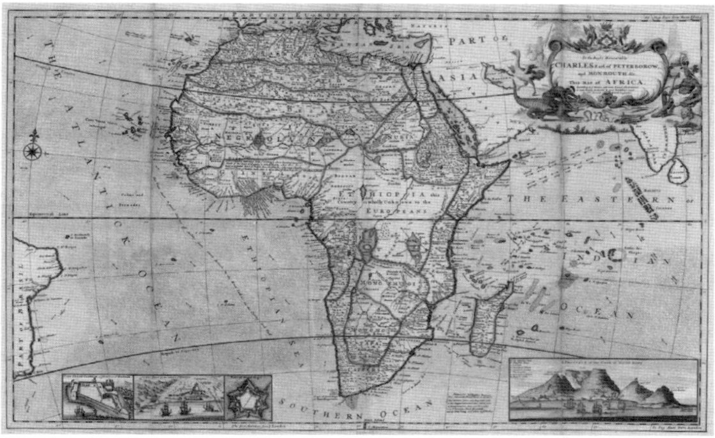

그림 4 _ 1710년 당시 아프리카의 유럽 식민지

유럽인들이 그들의 영토를 끊임없이 침해한 이후에야 시암 정부는 그들의 영토에 대해 서양의 국경 개념을 도입하고 명확한 경계를 긋는 작업에 관한 협상에 나서게 되었다. 그리하여 태국 국가와 민족의 형성을 촉진하는 '지리적 몸체geo-body' 즉, 조국의 영토에 대한 윤곽이 그려지게 되었다.

서양인들은 일반적으로 식민주의가 '문명'을 발전시키고 식민지의 피지배인들에게도 영토, 주권, 통치에 대한 새로운 개념들을 전파시켜 많은 이익을 가져다준다고 생각했다. 이는 더 많은 지역의 정복을 정당화하였고 더 나아가 식민통치가 많은 지역에서 얼마나 불평등하고 불완전하게 이루어지는지 볼 수 없게 만들었다. 유럽인들의 지배는 대개 지방 엘리트들의 협조와 공조하에 확장될 수 있었다. 그 예로 1858년 영국령 인도의 식민지 운영을 영국 정부가 직접 통제하기 시작한 이후에도 통치권의 귀속 여부는 여전히 혼란 속에 있었다. 비록 영국 정부가 명목상의 통치권을 행사하기는 했지만, 수백 명의 인도 토후들은 여전히 그들의 토지 내에서 세금 징수나 사법적인 내부 사안에 대한 자치권을 행사하고 있었다. 그로 인해 영국의 관리들은 영국과 토후들의 통치권을 가르기 위한 경계 조사를 실시했다. 이렇듯 세계 지도가 보통 정치적 획일성을 보여주는 단색으로 색칠되어 있었지만, 영유권이 겹치거나 중복되는 경우는 꽤나 흔히 존재하고 있었다.

식민통치는 불완전했을 뿐만 아니라 오래 지속되지도 못했지만, 영토 국가 모델의 도입은 광범위한 영향을 끼쳤다. 실제로 현재 유럽 이외의 대부분 지역들에서 국경의 기원은 식민지와 연관성을 갖고 있다. 일부 국경은 베를린 회의에서 유럽 열강들이 영유권 경쟁을 벌이는 과정에서 그어지게 되었다. 이런 경우 영국과 프랑스의 각 식민지 사이의 국경은 제2차 세계대전 이후 탈식민화의 흐름 속에서 탄생한 독립 주권국 간의 새로운 국경으로 탈바꿈하게 되었다. 또 다른 국가 간의 경계들은 프랑스령 인도차이나나 중동 지역의 영국 통치령과 같은 이전의 국내의 행정 경계를 따라 더 큰 식민지 영토가 분할되면서 생기게 되었다.

1947년 인도에서의 영국의 철수는 식민지배에서 독립으로의 이행을 보여주는 두드러진 사례 중 하나라고 할 수 있다. 영국령 인도의 외부 국경이 정해졌지만, 힌두교도와 무슬림 간의 의견 차이로 주권 이양이 불가능하게 되었다. 이에 영국 정부는 영국령 인도를 두 개의 국가로 분할하기로 결정하였고 인도는 힌두교도들이 대부분인 지역을 포함하고, 파키스탄은 거의 1,450km 정도 떨어진 지역들을 포함하게 되었다. 무슬림과 힌두교 공동체를 각각의 국가로 완벽하게 나누는 선을 긋는 것은 불가능했기 때문에 수백만 명의 사람들은 새로운 국경의 '틀린' 편에 위치하게 되었다. 많은 사람들이 그들에게 '올바른' 국가로 이주하였지만 애석하게도 이 과정에서 수천 명이 혼란과 폭력 사태 속에서 목숨을 잃게 되었다. 남아시아의 분할 문제는 반독립 상태였던 번왕국Princely States으로 인해 더욱 복잡해졌다. 토후들은 어느 국가에 속할지 선택할 수 있었는데 힌두교도 토후들은 인도에 합류하였고, 무슬림 토후들은 파키스탄에 합류하였다. 카슈미르 지역은 무슬림 인구가 다수였지만 힌두교도였던 토후는 인도에 합류했다. 이것이 인도와 파키스탄 사이의 전쟁을 촉발하였고 이 지역의 분단으로 이어졌다. 카슈미르의 불안정한 상황은 중국이 이 지역의 일부를 주장하는 가운데 세계에서 가장 불안정한 국경 분쟁 지역이 되었다. 실제로 파키스탄은 분할 이후 방어할 수 없는 상황이었고, 1971년의 내전 이후 동파키스탄은 독립국가인 방글라데시로 분리되었다.

1945년 70여 개 정도였던 주권 국가의 수가 1980년대에 170개 이상으로 증가한 것을 감안하면 식민지 시대의 국경이 비교적 적은 조정안으로 유지되었다는 것은 그저 놀라운 사실이다. 이는 근대 국가 체제가 민족 자결권보다 영토 보전을 얼마나 중요시하는지를 보여준다. 국가들은 그들의 영토 보전을 약화시킬 수 있다는 우려에 국경선이 다시 그어지는 것에 맹렬히 저항하였는데 영국령 인도의 분할은 충돌의 단초를 제공하고 폭력 사태를 일으킬 수 있다는 경고를 주었다. 비록 현재의 국경선이 비교적 최근에 탄생하였고 임의적이긴 했지만, 어느 정도는 영속적인 것으로 간주되었다. 그러나 이러한 영속성은 내부 국경에는 거의 적용되지 않았다.

선거구와 경계

외부의 국경 외에도 국가 안에는 내부의 공간을 구분하는 수많은 경계가 존재하고 있다. 이들 중 일부는 공적 행정과 관료적 사법의 영역이고, 다른 부분은 비공식적이거나 일상적인 사회 집단과 연관이 있다. 공적 행정 국경은 일반적으로 쉽게 식별할 수 있으며, 대부분의 사람들은 일상속에서 낮은 단위의 관할권 내에 살고 있다는 것을 알고 있다. 이런 익숙함에도 불구하고, 선거구는 그들의 기능, 영향, 형태, 목적 심지어 기본적인 용어 등의 측면에서 매우 다양하다. 관련 용어로는 면cantons, 구departments, 주states, 공화국republics, 주provinces, 구oblasts, 구획aimags 등을 들 수 있다. 이러한 다양성에는 인구 밀도, 문화 차이, 자연지리와 같은 실질적인 고려사항뿐만 아니라 영유권 행사에 관한 다른 조건들도 포함되어 있다.

미국의 50개 주들의 형태와 기능은 흥미로운 예시이다. 영국이 13개 식민지를 건설할 때 다양한 정치적 이해관계가 반영됨에 따라 식민지 별로 영토와 인구 면에서 다양한 분포를 보이게 되었다. 이에 대응하여 미국 헌법은 각 주마다 2명의 의원으로 구성된 상원을 만들어 각 주별로 동등한 대표성을 보장해주었다. 또한, 미국 정부는 서부 영토 개척에서 기하학적인 이상geometric ideals에 기초하여 최대한 동등한 크기의 주를 세우고자 했고 그 결과 동부의 주들은 서부에 비해 상대적으로 불규칙한 모양과 천차만별인 크기를 가지게 되었다.

미국은 또한 주권을 중앙정부와 각 주가 공유하는 연방 정부 체제를 채택하였다. 예컨대 미국 헌법에서는 중앙정부의 권한을 외교와 국방과 같은 특정 영역으로 한정하고, 각 주들은 교육과 사법과 같은 여타 영역에 대한 권한을 부여하였다. 많은 다른 나라들은 다양한 범주의 책임과 권한 그리고 대표성을 정부에 부여하는 체제를 채택했는데 연방주의와 달리 단일 국가unitary states는 주권이 단일한 정부 단위에 집중되는 것이 특징이라 할 수 있다. 단일 국가에서 선거구 자체적으로는 중앙정부에서 발의한 정책을 제정할 뿐 독립적인 정책 결정의 권한이 거의 없는 낮은 관할권만을 지닌다고 할 수 있다.

각 주들이 상호 간 평등을 이루고자 하는 열망은 미국이 마치 빈 도화지 위에서 움직이는 것 같은 내부의 정치적인 국경을 많이 그려냈다는 것을 의미했다. 이와는 달리 세계의 많은 국가 내 경계는 민족이나 종족 공동체, 봉건영주의 역사적 왕국, 귀족들의 영지 혹은 식민지를 나타냈다. 비록 약화되었다 할지라도 이러한 경계들은 정치 참여, 공공부문, 문화적 정체성의 확립 등의 많은 기능을 수행하고 있다. 이는 국경과 그들이 획정한 영토가 영구적이라는 것은 아니다. 옛 지도들은 지금은 없어진 국가들과 국경들을 알려주고 있다. 여기서 중요한 것은 모든 국경에는 이야기가 있다는 것이다. 지도상의 모든 선과 풍경에 남겨진 모든 표식들은 권력과 문화의 복합적인 조정 속에서 비롯되었다.

선거구의 형성은 교육 기회, 대의제, 공공부문, 금융정책 등에서 상당한 차이를 만들어낸다. 불행히도 이러한 경계의 형성 과정은 정치공작에 매우 취약하다. '게리맨더링'은 특정 집단에 이익을 주기 위해 선거구를 획정하는 것을 일컫는데 예를 들면 미국에서는 일반적으로 특정 정당, 인종, 사회 집단이 다수를 이루고 선거에서 이기기 위해 선거구를 변경하는 경우가 있다. 경제, 인종, 문화적 정보를 수집하는 인구 조사는 종종 이러한 정치적 경계 짓기에 근거를 제공해주는 면이 있다. 전 세계적으로 이와 유사한 예를 찾아볼 수 있다. 이스라엘과 팔레스타인 영토의 분할은 민족 종교적인 분리가 법적으로 승인된 사례이지만, 몇몇 탈소련 국가들은 최근 러시아 소수민족들의 정치적 영향력을 감소시키기 위해 선거구를 개정하기도 했다.

이러한 차이의 지형도는 공적 구분을 넘어 다양한 비공식적인 사회, 경제, 문화적 경계를 포함한다. 이것들은 선진국과 개발도상국 모두에서 부, 권력, 특권과 같은 사회적 범주들을 반영하며 강화된다. 미국 도시들의 주거 패턴은 저소득 소수집단이 주로 도심 인근에 집중되는 것처럼 경제적 인종적 차이와 밀접하게 연관되어 있다. 유사한 형태의 주거 분리는 유럽의 도시들에서 저소득 이민자 계층이 특정 구역에 집중되는 것에서도 명백히 드러난다. 이러한 예들은 선진국의 소수민족과 저소득 집단의 주거 선택에 대한 비공식적인 공간적 제약을 만들어내는 복합적인 경제, 정치, 사회적 작용을 보여준다. 개발도상국에서도 비슷한 과정이 나타나는데 중앙아메리카와 카리브해 일부 지역의 경우, 선진국에서 은퇴한 부유한 은퇴자 공동체가 형성되어 있다. 이러한 주거 경계는 일상적인 이동성, 접근성과 상호작용에 대한 범주를 한정지을 뿐만 아니라 사회적 차별을 만들어내고 또 강화한다. 외부인 출입제한 주택지의 성장은 거주지역 분리의 가장 최근의 발전양상이라 할 수 있겠다. 이 용어가 보여주듯 이 지역은 공간의 보안과 특별성을 유지하기 위해 장벽과 울타리, 검문소, 경비원, 그리고 감시 장비를 동원한다. 출입제한 주택지는 처음에는 선진국의 부유층을 위해 만들어졌지만, 점차 다른 지역에서도 보편화되고 있다. 예를 들어 개발도상국의 출입제한 지역은 대개 높은 비율의 외국인으로 이루어졌다. 이러한 양상은 앞서 언급한 중앙아메리카와 카리브해의 은퇴자 공동체에서 사우디아라비아와 다른 걸프 지역에 세워진 외국인 노동자를 위한 주거 단지, 탈사회주의 지역의 신흥 부유층에 이르기까지 다양하다.

저소득층 주민들의 주거지는 비록 안전 인프라와 공적 인정에서는 결여되어 있지만, 비슷한 영토성을 보인다. 예를 들어 범죄조직의 영역은 영토 통제에서 비공식적인 지역이다. 범죄조직원들은 그들이 지배하는 영역 내에서 그들 스스로의 특권을 상정한다. 비록 그래피티와 '색colors'을 통한 표식은 단순히는 낮은 사회경제적 지위를 보여준다고 할 수 있지만, 실제로 그것은 특정 집단의 지역이라는 것을 나타내기도 한다.

더 넓게 보자면, 거리의 현수막, 벽화, 간판들은 특정한 사람들의 특권 지역이나 소속의 경계를 나타낸다고 할 수 있다.

그림 5 _ 캘리포니아에 조성된 출입제한 주택단지는 부유층을 위한 구별된 거주 공간으로 자리잡았다.

이것은 이웃 인종, 종교 지역, 언어 공동체, 게이/레즈비언 지역의 형태 등으로 나타날 수 있다. 비록 국가에 의한 공식적인 승인이 없고 지도에서도 쉽게 찾아볼 수 없지만, 이러한 경계는 국경선과 동일한 원칙에 기반하고 있다. 경계들은 특정 사회 집단의 구성원들에 의해 통제되는 공간을 구별짓고, 타자들의 접근 통제를 상징하며, 특정한 행동 규범을 강요하기 위해 만들어졌다. 예를 들어, 북아메리카, 아시아, 유럽에 걸쳐 세워진 수많은 '차이나타운'은 대개 아치형의 출입구와 이중언어 표지판에서 드러나는 특정한 민족 공동체와 연관지어 생각하게 된다. 이러한 유형의 민족 거주지는 이민자 인구가 많은 도시들이 갖고 있는 공통점이기도 하며, 싱가포르의 '리틀 인디아'와 상파울루의 '재팬타운'은 도시 지도와 가이드북에 등장하곤 한다.

세계화는 사람과 공간 사이의 오래된 관계를 위협하며 특정 지역과 정체성을 점진적으로 분리시킨다. 그러나 새로운 국제적 연계는 '탈영토화'만큼이나 '재영토화'에 대한 많은 가능성을 시사한다. 실제로 민족 공동체에서 사회경제적 계층에 이르는 많은 집단들은 사회적이거나 문화적으로 균일한 지역에서 스스로를 경계지음으로써 이러한 광범위한 변화에 대응할 것으로 예상된다. 이러한 면에서 선거구 행정 경계와 비공식적 사회 경계는 새로운 형태의 문화, 정치, 사회경제적 소속감의 근거가 된다. 국가 내의 두드러진 재경계화에 대한 전망은 국가 간의 국경이 처해있는 새로운 현실과도 일치하는 것으로 보인다.

제4장

경계 짓기의 실제

변화하는 경계들
세계화와 영토
국경과 안보
필터로서의 국경
국경과 주권성의 새로운 지형
조건부 주권
소수집단 영토와 원주민 주권
차등화되고 분리되는 주권
신흥 국경지대

영토화란 사회적 실체들 사이 토지의 분할과 그로 인해 생겨난 공간에 특정한 의미를 부여하는 이중의 과정을 말한다. 상징적 의미를 지속하고 인간의 이동성을 물리적으로 형성하는 경계는 영토화에 필수 요소다. 국경의 본질과 영토성의 실제는 국민국가와 결부되어 명확하게 그어진 영토의 반경 안에 머물기보다는 시대를 거쳐 뚜렷이 변화해왔다. 이와 같은 시각은 오늘날 세계에서 경계, 경계 지어진 공간 그리고 '경계 짓기' 과정에 관한 개념을 살피는 대안적 근거를 제공한다.

지금껏 이뤄진 연구는 벽, 철조망 그리고 감시탑과 같은 국경의 물리적 측면에 집중해왔다. 최근 학계의 관심은 사물보다는 과정으로서 경계와 경계 짓기를 탐구하는 쪽으로 이동해 왔다. 그 핵심에 있는 국경이라는 단어는 명사인 동시에 동사로도 쓰이게 되었다. 이 같은 경계와 경계 짓기에 관한 탐구는 새로운 여러 질문들로 이어졌다. 좋은 국경이 좋은 이웃을 만드는가? 국경은 국제 협력의 장애물인가? 국가권력은 계속해서 국가 자립보다 우선시될 것인가? 국가는 계속해서 세계 정치, 경제적 주체로 남을 것인가? 국경 없는 세상이 과연 가능하거나, 바람직할까? 이런 질문들은 변화하는 21세기의 국경의 성질과 역할을 잘 드러내고 있다.

변화하는 경계들

소련의 붕괴와 베를린 장벽의 철거, 그리고 지역 무역 블록EU, NAFTA, ASEAN 등의 확산과 같이 1980년대 말과 90년대에 걸쳐서 일어난 유례없는 지정학적 변화들은 국경의 기능, 실체, 그리고 의미를 전반적으로 재정의할 필요성을 부각시켰다. 냉전의 엄격한 양강구도는 무너지고 있었지만, 그 대안은 불분명했다. 1990년 미국 의회 연설에서 조지 H. W. 부시 대통령George H. W. Bush, 1924~2018은 '새로운 세계질서'가 자유, 정의와 평화라는 공동의 가치를 바탕으로 떠오르고 있으며 이는 국제 협력을 더욱 활성화할 것이라고 천명했다. 많은 이들이 부시 대통령의 낙관론에 회의를 표시했지만, 대부분의 전문가들은 국제 체제가 변화의 시대에 들어서고 있다는 것에 동의했고 이와 같은 변화의 본질과 방향에 관해 뜨겁게 논쟁을 벌였다.

당시 논쟁의 대부분은 세계화의 개념에 집중되어 있었다. 세계화는 국제적 경계에 걸친 정치, 경제, 사회, 그리고 환경에 관련되는 과정 일반을 말한다. 다수의 학자, 정치인, 기업가와 활동가들은 세계화로 인해 촉진된 상호작용과 통합이 국가와 그 경계의 중요성을 빠르게 약화시킬 것이라고 설파했다. 비즈니스, 커뮤니케이션 또는 정보통신 기술의 관점에서 어떤 이들은 세계화가 경제 효율과 기술 전파를 향상하고 삶의 질을 전반적으로 개선하리라고 내다보았다. 기업들이 해외에서 인력을 고용하면서 선진국들이 경제 위축의 가능성에 대한 공포와 문화적 이질성을 증대시키고 경제적 경쟁을 가중시키는 빈곤한 난민의 끝없는 물결은 낙관론을 반박한다. 여러 상이점에도 불구하고 양쪽의 시나리오는 모두 점점 더 허술하고 투과되기 쉬우며, 또 각각 상이한 국제적 경계에 따라 전개되는 새로운 세계질서에 직면하고 있다.

2000년대 초에 발생한 여러 테러 공격은 세계화 비관론에 불을 지폈다. 국경의 투과성을 높이는 대신, 세계의 많은 정치 지도자와 그 추종자들은 외적 국경을 더 엄격히 통제할 방법을 궁리했고 강화된 공항 내 수색에 더해, 해외여행자들은 더욱 엄격한 비자 요구, 서류 심사와 입국 절차를 마주해야만 했다. 새로운 장벽과 철조망, 감시탑이 세워짐에 따라 국경 그 자체가 변화하기도 했다.

세계화가 위협과 기회를 동시에 창출하는 듯했으나 국제 체제는 상반된 경향을 드러낸다. 많은 이들이 세계화를 국가 체제에 대한 직접적 도전으로 간주함에도 불구하고 국가 간의 경계와 영토 기반의 통치권은 한 번도 일관된 방식으로 입법화되거나, 실행되거나, 인식되지 않았다. 국가 체제가 형성된 직후엔 안보와 기회 모두가 식민주의, 제국주의, 그리고 상업자본주의와 같은 광범위한 국제 체제의 핵심적 부분이었다. 이러한 체제가 사람 간 연결과 국제적 상호연관성의 확장에 선례를 보여준다고 해도, 최근의 지방, 연방 그리고 세계 지역 간의 빈번한 상호작용과 강력한 상호의존성은 특기할만한 현상이다. 이는 영토의 본질적 역할과 경계 짓기 과정과 명백한 연관성을 지닌다.

세계화와 영토

오늘날 많은 이들은 국가 영토의 주권성이 과연 절대적인지 의문을 품는다. 국가들이 국제무대에서 주도적 주체로 남을지, 혹은 서로 다른 국제적 또는 하위 단위의 주체가 이를 단계적으로 대체할지는 실로 불확실하다. 많은 경제학자, 기업가와 언론인들은 '강한 세계화'라 불릴 그 어떤 현상을 예견하고 있다. 역사의 종말 또는 지리학의 종말을 고하는 섣부른 주장에 입각한 이러한 견해는 국경이 의미를 상실해가는 시점에 국가 체제를 무너뜨리는 탈영토화의 과정을 상정한다. 사실상 토머스 프리드먼Thomas Friedman, 1953~의 『세계는 평평하다』2005는 세계화를 통해 세계 경제에서 모든 지역이 효과적으로 경쟁할 수 있다는 전제를 기반으로 쓰였다. '약한 세계화'의 전망은 지리학자, 사회과학자, 그리고 국제변호사들 가운데서 더욱 일반적인 듯하다. 이 학자들은 국경의 생성과 통제에 의한 장기간의 변화와 전환을 강조한다. 어떤 국경들은 주로 장벽으로서 계속 기능하지만, 다른 국경들은 상호작용, 교류와 협동의 열린 공간으로 변모하고 있다. 예를 들자면 하름 데 블레이Harm de Blij의 『공간의 힘』2009은 절대 다수에게 삶의 질이 그들의 출생국가의 발전 정도와 얼마나 긴밀하게 연관되는지 밝힌다. 이와 같은 접근은 동시대 경제, 사회와 정치를 결정하는 장벽이자 가교로서 국경의 지속적인 영향력을 확인하는 셈이다.

세계의 육지 영역이 주권 국가들로 분리되어 있었으므로 영토 통제는 한 나라가 얻으면 또 한 나라는 잃을 수밖에 없는 제로섬 시나리오나 다름이 없었다. 이 사실은 갈등의 가장 중요한 원천이었고, 앞으로도 분명히 그럴 것이다. 실로, 대다수 국제법은 영토 분쟁을 예방하거나 해결하는 것을 목표로 한다. 그러나 국제법이 근대 국가 체제의 전반적 골격을 따라 발전했다는 점을 염두에

두어야 한다. 국제법은 '영토의 함정'의 비유로 되돌아가 국가, 주권성 그리고 영토 간의 연결고리를 자연스러운 것으로 여기고, 또 당연하게도 거의 예외 없이 국제 경계의 현상 유지를 지향한다.

사실상 국가의 영토 통합성이 우선시되는 것은 많은 국제기관에 의해 분명히 성문화되어 있다. 한 예시로 유엔 헌장 2조 4항은 "모든 회원국은 국제 관계에서 어느 국가의 영토 보전이나 정치적 자주성을 해하는 위협이나 무력의 사용을 지양해야 한다"라고 명시한다. 유사한 표현을 아랍 연맹1945, 이슬람 협력기구1969와 아프리카 연합2000의 설립헌장에서도 찾을 수 있다. 나토와 유럽연합과 같은 국제기구들은 잠재적 회원국들에게 가입에 앞서 모든 외적 국경 분쟁을 정리하기를 권고하기도 한다.

이처럼 국경 안정을 우선시하는 행위는 근대 국가 간 경계의 생성이 많은 경우 민족공동체를 여러 국가로 쪼개거나 다양한 민족공동체를 하나의 국가로 통합하는 비균질적이고 임의적 과정에 더 가깝다는 사실을 간과한 결과이다. 이러한 민족nation의 문화적 국경과 국가의 정치적 국경 사이의 근본적 괴리는 지난 두 세기에 걸친 조직화된 폭력에 일조한 바 있으며, 여전히 우리 시대의 많은 갈등을 악화시키고 있다. 그래서 쉽게 말하자면 국경이 민족적 차이를 더욱 잘 반영하도록 수정하는 것이 효과적인 해결책일 수 있다. 그러나 여기에는 적어도 세 가지 거대한 장애물이 있다. 첫

째는 민족공동체들은 영토성에 대해 대체로 중복된 감각을 갖고 있는데, 갈하자면 둘 이상의 민족이 한 지역을 그들 고유의 조국으로 여긴다는 것이다. 둘째로, 국가주의가 지닌 감정적 요소로 인하여 이들 공동체가 스스로의 주장을 확실히 하기 위해 타협하기보다는 갈등으로 치닫을 위험성을 높인다는 점을 들 수 있다. 마지막으로, 국가들은 스스로의 주권성이 약화될까 두려워 다른 나라의 주권성이 약화되는 것에 경계심을 품는다. 이러한 주고받기식의 역학은 국가 주권이 상호합의를 바탕으로 한다는 사실에서 기인한다. 탈식민화 시기부터 국제사회는 오로지 유고슬라비아와 소련의 붕괴 또는 에리트레아와 남수단에서 수십 년간 이어진 폭력과 같은 특별한 사건에 대한 반응으로서만 신생 국가의 출현과 국경 상의 중요한 변화를 인정했다.

국경 없는 세상에 대한 예견에도 불구하고 인권과 국가정체성부터 천연자원이나 삶의 질에 이르기까지 오늘날 우리 일상의 대부분은 근본적으로, 또 불가피하게 영토와 여전히 직결되어 있다. 그러므로 영토의 영향에서 완전히 분리된 정치적, 문화적, 또는 경제적 권력에 대한 전망은 희박해 보인다. 실로 영토 주권을 유지하고 보호하는 문제에 대한 국가들의 관심은 2001년 이후 더욱 높아졌다. 국경은 한 방향으로 움직이기보다는 그 의미와 기능에서 세계 경제교류상호분열주의와 테러리즘신고립주의을 비롯한 국제 안보

문제로 불거진 공포처럼 상충하는 압력에 의해 수정되고 있다. 요컨대, 국경이 중요하다는 사실은 변함이 없지만, 국경이 새로운 역할을 떠맡게 되면서 예전보다 더욱더 광범위한 영향력을 지닌 것으로 이해된다. 그러나 안보는 여전히 국경의 가장 우선적인 역할로 남아있다.

국경과 안보

국경은 '우리'와 '우리 것', '그들'과 '그들의 것'을 가르는 강력하게 상징적이면서도 실질적인 기능을 한다. 국가 안보와 국익을 지키기 위해 무력을 사용할 국가의 역량누군가는 의무라 하겠지만은 종종 국경의 유지에 초점을 맞춘다. 따라서 국가 안보에 대한 전통적 관점은 국경과 국경지대국경에 맞닿은 지역에 많은 역할을 부여해왔다. 이 역할들 중에는 인근 국가들의 강점, 약점 그리고 의도를 시험해보는 공간으로 쓰이거나, 위협이 현실화될 때 국가의 중심을 보호할 완충지대를 제공하는 것도 포함된다.

국경과 국경지대는 국가 금융증권화의 상징처럼 작동하기도 한다. 이는 종종 문화적 변화에서 경제 침체, 기타 여러 사회적 병리 현상에 이르기까지 다양한 문제의 대리적 관심거리때로는 희생양가 되기도 한다. 요컨대 국경 즉, 그 근처에 사는 사람들, 국경을 넘는 사람들, 그리고 국경의 이미지 그 자체가 이 정치적 태도와 정책을 형성하는 데 도움을 준다. 이는 오늘날 안보의 개념이 이전보다 훨씬 더 광범위하게 수용된다는 점에서 더욱 넓게 확장해 볼 만하다.

국경의 역할은 당면한 위협의 본질에 따라 변화한다. 상술했듯이, 소련의 붕괴 이후에 세계 곳곳에서 국경 단속이 일견 느슨해지는 시기가 있었다. 이와 정반대로, 엄격한 국경 통제는 2000년대 초반 불법 이민, 국제 테러리즘, 그리고 밀수와 같은 일련의 문제들을 해결할 방안으로 보이기도 했다. 대다수의 새로운 위협은 얄궂게도 국경 강화나 순찰과는 관계가 없다. 예를 들어 국경을 넘어 유통되는 마약 가운데 고작 5~10% 정도만이 제재된다. 더욱이 자연재해와 질병의 피해가 정치적 경계나 그 기반시설에 영향받지 않는다는 점은 명백하다.

이러한 새로운 초국경적 현실을 고려할 때 많은 전문가는 그 투과성을 제한하는 방식으로 국경 보안을 강화하려는 전통적 노력을 비생산적인 것으로 보고 있다. 최근에는 사람의 국경이동을 막는 방향으로 국경 보안의 초점을 돌리고 있지만, '국경 공간'의 더욱 넓은 정의야말로 당국이 새로운 문제와 위협들에 좀 더 효과적으로 대처하는 데 도움이 될 것이다. 불법 이민을 막는 새로운 접근 방식은 국경 지역의 탈안보화로, 즉 국경 지역의 순환적 이민을 돕고 이민자의 원 거주지의 경제 발전을 용이하게 할 국가 간 협력을 장려하는 것이다. 예를 들어, 공산주의의 붕괴 이후 독일은 독일 교포들이 구소련으로부터 귀환하면서 야기된 사회적 긴장의 해결을 위해 많은 노력을 기울였다. 이에 대해 독일 정부는 벤처 기업을 후원하는 등 독일 디아스포라 공동체에 다양한 인센티브를 제공해 그들이 독일로 돌아오는 대신 해외에 남아있도록 장려했다. 이러한 관점에서 중앙정부는 국경 지역의 구체적 이해뿐만 아니라 영토, 인접 국가, 그뿐만 아니라 원거리에 있는 국가에까지 미치는 국경 정책의 더욱 광범위한 영향을 종합적으로 고려해야만 한다. 여기엔 더욱더 체계적이고 총체론적인 국경 보안에 대한 접근이 요구된다. 이러한 목적 아래, 지도 위 그저 선으로서가 아닌 공간으로서의 국경에 대한 새로운 인식들은 국경의 투과성에 영향을 끼치는 일련의 새로운 조건, 제도, 그리고 행위자로의 집중을 요구한다. 요컨대 국경은 갖가지 다양한 관문과 다양한 수준의 개방성을 지닌 필터와도 같은 존재인 것이다.

필터로서의 국경

공간과 시간에 따라 변하는 국경과 국경 개방성은 본질적으로 인간이 만들어내는 주관적인 현상이다. 그 구체적 내용은 법, 정부, 역사, 사회, 정치, 그리고 경제적 상황에 의해 결정되며, 개별적 위협과 압력이 특정 시점, 특정 국경의 개방성의 정도를 높이거나 낮추기도 한다. 때때로 같은 국경선상에서도 지점에 따라 개방성의 정도가 상이하게 나타나기도 한다.

미국-멕시코 국경은 이 논의의 흥미로운 사례이다. 멕시코의 시우다드 후아레스 지역에 존재하는 폭력 마약 카르텔은 텍사스 엘파소로의 이동을 감시하고 제한하는 계기가 된 반면, 서쪽으로 1,000km가량 떨어진 멕시코 티후아나와 캘리포니아 샌디에이고 사이 국경은 관광객과 출장객에게 상대적으로 열린 관문으로 남아있다. 국경 개방의 상대성은 교육 수준이 상대적으로 낮고 덜 부유한 이들에 비해 경제 엘리트들이 국경을 넘나들 때 누리는 편안함에서 명확하게 대비가 된다. 이용자의 유형, 부富의 정도, 월경의 동기에 따라 달라지는 포괄적이면서도 배타적인 정책 모두가 투영되는 국경은 확실히 불완전한 필터로 작용하고 있다. 따라서 국경의 개방성은 더욱 자유로운 이동의 추구와 반드시 연결되어 있지는 않다. 차라리 이는 상대적 폐쇄성과 상대적 개방성 사이에서 유동적인 가변적 범주에 가깝다.

갈수록 중대해지는 초국경적 이동에 대해 유익한 동시에 윤리적으로 대처하려면, 그 목표는 반드시 '좋은' 국경을 구축하는 것이어야만 한다. 이를 위해 많은 이들은 '좋은' 국경이란 일반적으로 열린 소통, 경계에 대한 공식적 합의, 상설 통행료, 접근 가능한 교통 연결 및 최소한의 군대 또는 경찰의 존재를 포함해야 한다고 주장한다. 또한 '좋은' 국경은 이웃의 위해나 이웃 국가들 간의 분쟁을 저지할 수도 있다. 그러므로 초경계적 흐름을 막는 국경의 기능이란 가교로서의 역할만큼이나 필수적이고 생산적일 수도 있다. 세계 경제 통합과 노동 이민과 결합된 테러리즘과 마약 밀수의 위협이야말로 이런 점을 분명히 보여준다. 국가권력이 보안이라는 이름으로 더욱 확장되는 동시에 국제 경제 통합의 압력 아래서 약화되는 상황에서 국경과 주권성 사이의 관계는 여전히 극심히 불안정한 채로 남아있다.

국경과 주권성의 새로운 지형

계속된 정부의 이견에도 불구하고 주권성의 원칙은 결코 절대적이지도, 균등하게 적용되지도 않았다. 실로 국민국가의 구조와 영토 주권성에서 규정된 이상ideals, 그 너머를 보는 학자들의 생각은 크게 발전했고 새로운 관점의 핵심은 국가의 하위 단위에서, 또 국가 영토의 경계를 넘어서 벌어지는 범세계적인 프로세스를 중심으로 한다. 이러한 프로세스는 국가와 국제적 차원에서 상호 배타적인 영역의 개념을 붕괴시키는 주권성의 새로운 지형을 그리는 데 이바지하고 있다.

경계 연구의 전통적인 접근 방식은 종종 국가와 기타 지정학적 실체를 구분하는 선을 자연적 또는 역사적으로 '주어진' 것으로 해석했다. 국경은 엄격하고 합법적인 공간 분할로 안정화되기보다는 우발적인 사건과 아이디어의 영향을 받아 진화하는 관행과 제도에 본질적으로 더 가깝다. 오늘날 이러한 현상들이 넘쳐나고 있으며, 생식권, 성적 지향의 평등, 물을 얻을 권리 같은 인권의 새로운 이상, 노동의 자유로운 이동, 아웃소싱, 국영 기업의 사유화 같은 신자유주의적 경제 관행, 그리고 테러리스트 네트워크, 초국가적 반란, 범죄 카르텔 같은 새로운 불균형적 안보 위협들이 포함된다. 일부 학자들은 1990년대 초에 민족주의를 역사의 쓰레기통에 던져 버렸지만, 초국가적, 국가부흥적, 그리고 야심 찬 국가의 하위적 정체성이 주권에 대한 다양하고도 새로운 주장과 국경에 대한 요구 사항을 잔뜩 들고 나타났으며 또 지금 이 순간에도 등장하고 있다.

주권성의 새로운 지형은 지역, 지방, 국가, 지역 및 글로벌 시스템을 연결하는 복잡한 네트워크를 가시화하고 있는데 이 네트워크는 경쟁, 통합, 상호 선택, 협력, 포함 및 배제의 프로세스를 노정하고 있다. 이 새로운 지형들은 고정적이고 경계 지어진 국가의 개념을 전복시키며 국가를 '내부'와 '외부'의 차이가 분명한 틀로 보는 대신, 지역, 국가, '내-' 또는 '초-' 국가는 점점 더 유연해지고 상호 연결된 것처럼 보이기 시작한 것이다. 경계 짓기에 대한 이러한 프로세스 지향적 접근법은 주권에 대한 개념 자체를 유연하고 유동적인 것으로 드러내고, 장벽, 가교 및 필터로서의 국경의 다기능성을 다시 한번 강조한다.

조건부 주권

'조건부 주권'이라는 개념은 민족국가 체제의 진화를 본질적으로 보여준다. 국경 학자들 사이에서, 조건부 주권은 전통적으로 국가의 불가침적인 권위와 동일시되는 영토 주권이 인권 침해나 대량 살상 무기의 확산에 대해 국제적 대응이 필요하다고 주장하는 수많은 단체들에 의해 도전받고 있다는 인식을 말한다. 조건부 주권의 지지자들에 따르면 국제적 규범을 심각하게 위반하는 국가들은 영토 주권을 박탈당할 수도 있다. 국제사회는 다양한 협약과 조약을 준수하기 위해 이들 국가의 국내적 상황에 개입할 권한을 가진다. 일단 위반 국가의 영토 주권이 침해되고 위반 사례가 보고되면 감시와 감독이 뒤따른다. 위반 국가는 일부 국제기구가 정하는 '선행'을 보였는지에 따라 영토 주권을 (재)획득할 수도 있다. 중동 평화를 위한 로드맵, 북아일랜드 성금요일 협정, 수단 나이바샤 협정, 보스니아를 위한 베이커 평화 협정, 동티모르 결의 1272호 등이 대표적인 사례들이다. 그럼에도 불구하고, 국가 주권에 대한 이러한 새로운 개념과 합의된 규범의 국제적 준수에 대한 요구는 명백히 새로운 국제 사회공간의 조직 체계와는 거리가 멀다. 중국이나 미국이 위에서 설명한 과정을 순순히 따르는 일이 상상이 될까? 따라서 조건부 주권과 그 규정된 국경 위반 가능성은 제재를 막을 힘이 없는 국가들에게만 적용된다.

조건부 주권의 문제는 2011년 소위 아랍의 봄 혁명에 대한 국제적 대응을 통해 훤히 드러났다. 유엔 결의에 따라 북대서양 조약 기구NATO 회원국들은 리비아의 독재자 무아마르 카다피Muammar Gaddafi, 1942~2011를 전복시키려는 반군을 지원하기 위한 공습을 시작했다. 리비아는 유엔 회원국이었으므로 이런 공습은 리비아의 주권침해 행위였지만, NATO 지도자들은 카다피 추종자들이 인권유린 행위에 가담했다는 이유로 공습을 정당화했다. 이렇게 국제

사회는 민간인을 '보호할 책임'이 있으므로 개입을 정당화할 수가 있었고 NATO의 공격은 반군의 성공에 핵심적 역할을 했다.

이에 반해, 시리아의 바샤르 알아사드Bashar al-Assad, 1965~ 정권 또한 반정부 시위를 잔혹하게 진압한 혐의를 받고 있지만, 국제사회는 2011년과 2012년 초 내내 시리아 국내 문제의 개입 요청을 일관되게 거부했다. 반면 바레인의 수니파 정부가 시아파가 다수인 시위대를 폭력적으로 탄압하자 외국이 개입하였는데 개입의 형태는 사우디아라비아와 다른 수니파 정부가 시위대에 맞서 바레인 정권을 지원하기 위한 군대 파견의 형태였다. 이러한 사례들을 보면 '보호 책임'의 원칙은 공격하는 정권이 매우 약한 경우에는 적용될 수 있지만, 북한과 같이 공격대상인 정권이 강력한 군사력을 보유하고 있거나, 주요 미군 군사 시설을 보유한 바레인처럼 국제적 강대국과 동맹을 맺은 경우에는 적용될 수 없음을 시사한다. 실제로 수단, 르완다 또는 미얀마와 같이 명백하고 지속적인 인권탄압 또는 국제 조약의 위반이 발생한 경우에도 대부분의 국가에서는 분쟁에 개입하기를 망설이는 현상들이 눈에 보인다.

이처럼 국가가 개입한 민간인에 대한 폭력의 사례는 1990년대와 2000년대에 걸쳐 주권을 새롭게 해석해야 한다는 주장에 불을 질렀다. 많은 인권 운동가들은 주권은 국민에게 있다고 믿고 있기에 국가의 주권은 국민의 기본권을 수호하는 데 달려있다고 보아

야만 한다. 국가가 자국 시민의 인권을 침해하는 경우 국경을 넘는 개입이 정당화된다고 믿는 견해는 국가 주권보다 정의와 인간 존엄의 이상을 우선시한다고 할 수 있다. 이와 유사한 국경 관련 관점은 소수민족 및 토착민과 관련된 새로운 국경 구조에서도 분명히 드러난다.

소수집단 영토와 원주민 주권

민족 국가 시스템은 주로 '점유물 보호의 원칙uti possidetis'과 재산 및 소유권에 관한 서구의 법적 전통에 기반을 두고 있다. 원주민 주권의 개념은 이러한 관념에 도전하고 소수집단과 토착지의 소유권에 대한 역사적, 정치적, 그리고 법적 대우에 내재된 인종주의를 폭로하는 것이다. 그 결과 활동가와 학자들은 법, 권리, 주권의 패러다임 안팎에서 권력의 재구성을 요구해 왔다. 대다수에게 중첩 정부 형태, 비계층적 권력 구조, 그리고 변경과 같은 전근대적 개념은 영토, 권위, 경계에 관한 서구의 선험적 이상론에 못지않은 위치에 있다. 이러한 관점에서 소수집단과 원주민이 국가의 형성 과정에서 겪은 부정은 시정되어야만 한다.

경계 짓기가 현대 (미국의) 주州 간 정치에 미치는 은폐되어온 부정적 영향은 원주민 주권의 옹호자들에게 도덕적 딜레마를 야기한다. 간단히 말해 대부분의 주들이 매우 비민주적인 상황에서 형성되었다는 뜻이다. 일반적으로 경계 짓기는 다양한 사회적 경계를 교차해서 반영하는 불평등한 권력 관계에서 비롯된다. 심지어 민주주의 국가와 시민 국가의 형성을 용이하게 하기 위해 구분된 국경조차도 민주적인 절차에 의한 산물이 아니다. 아이러니하게도, 민주주의 제도와 국경이 확립되기 전에는 민주주의가 성립될 수 없음에도 불구하고 근대 국가와 결부된 민주주의 제도에서 민주정치가 등장할 것이라는 기대를 한다. 한 집단이 다른 집단에 대해 원래의 권력을 부과하는 것에 관한 긴장이 지속되는 경우가 많으며, 이는 지속적인 경제 및 사회정치적 불평등을 야기할 수 있다. 이러한 불평등은 민족적 분노와 사회적 부당함을 비롯한 수많은 국제적 분쟁들의 화인이 되었다. 이런 점에서 국경은 물리적으로 드러나는 땅의 경계를 넘어, 상징과 은유로 수많은 사람의 마음속에 있는 '역사의 흉터'이다.

소수집단 영토의 수많은 형태는 형성과정에서 수반되는 다양한 문화, 경제, 정치적 조건으로부터 비롯된다. 엔클레이브enclave와 엑스클레이브exclave가 좋은 예시이다. 엔클레이브는 다른 국가의 영토로 완전히 둘러싸인 한 국가의 영토 일부를 뜻한다. 반면, 엑스클레이브는 다른 국가와 인접하지 않은 한 국가에 속하는 영역을 뜻한다. 대부분의 엑스클레이브들은 다른 관점에서 보면 엔클레이브가 되기도 한다. 이 정의의 예외로는 북아프리카 연안에 있는 스페인의 엑스클레이브인 세우타처럼 다른 국가에 완전히 둘러싸이지 않은 엑스클레이브와, 이탈리아 안에 있는 산마리노처럼 다른 국가에 소속되지 않는 엔클레이브가 있다.

엔클레이브와 엑스클레이브는 본질적으로 '역사의 흉터'이며, 종종 인접한 국가의 사람들 사이에서 강렬한 감정을 유발시킨다. 2010년, 키르기스스탄 남부에서 일어난 폭력사태가 이러한 긴장감을 드러내는 대표적인 예시다. 그러나 영토의 지리적 구조가 폭력의 원인은 아니라는 점을 인식하는 것이 중요하다. 오히려, 폭력과 긴장감은 특정한 조건과 상황으로부터 비롯되는데 정치 동맹, 정부 불안, 경제적 어려움, 그리고 이웃 국가들의 지정학적 영향력이 키르기스스탄과 우즈베키스탄 엔클레이브 사이에서 일어난 국경 분쟁의 근본적인 원인이었다. 그럼에도 불구하고 사람들이 느끼는 엔클레이브/엑스클레이브와 같은 국경지대의 이질감을 무시할 수는 없다.

옛 소련의 많은 국경처럼, 키르기스스탄 내부에 있는 우즈벡의 엔클레이브는 다국적 제국으로부터 연방을 창설하려는 이오시프 스탈린의 유별난 노력에서 비롯됐다. 러시아인, 우크라이나인, 우즈벡인과 같은 15개의 큰 인종 집단이 소련과 함께 공화국을 이루었지만, 카라칼팍스인, 타타르인, 압하지야인, 체첸인을 비롯한 수십 개의 소수 인종 집단은 다른 인종 집단 내의 자치 구역에서 거주하게 되었다. 소련에 강력한 중앙집권 체제가 만들어진 이래로, 이 국경들은 상징적일 뿐 아무런 실제성이 없는 상태였다. 하지만 지방의 경계가 국가 간의 국경이 되고, 자치 구역이 더 큰 정치적 중요성을 가지며 소련의 붕괴가 일어나자 이러한 상황도 바뀌게 되었다. 나고르노카라바흐를 둘러싼 아르메니아인들과 아제르바이잔인들 사이의 격렬한 다툼, 남오세티야와 압하지야를 둘러싼 조지아의 분쟁, 그리고 체첸인들과 러시아인들 사이의 반복되는 충돌이 이를 뒷받침하는 증거들이다. 오늘날 중국의 위구르와 티베트에서도 비슷한 긴장감이 조성되고 있다.

자치 구역은 사회주의 국가에만 있는 것이 아니다. 미국은 대부분의 토착 인구를 위한 보호 시스템을 가지고 있는데 26개 주에 약 310개에 달하는 이러한 지역이 존재한다. 이 지역들은 특별 관할권을 가지고 있으며 보호구역에서 저질러진 형량이 제한된 경범죄들은 평의회나 법원에 의해 판결된다. 중범죄들은 연방법 집행관들이 조사하고 연방법원에서 판결된다. 도박은 재판에 대한 특별 관할권을 보여주는 대표적인 범죄의 예시다. 도박은 1980년대까지는 네바다주, 뉴저지주의 애틀랜틱 시티와 강 위에 떠 있는 배에서만 합법이었지만 미국 원주민들은 자신들의 관할지역에 카지노를 짓기 위해 그들의 특별 주권을 빼앗아왔다. 도박 수익금 분배에 대한 격렬한 논쟁이 존재하지만, '관광객들'을 보호구역으로 유인하여 얻는 수입이 소수집단 영역에서 흔히 보이는 빈곤의 문제를 완화해줄 것이라 기대했다.

미국 인디언들의 유보행위는 정부와 원주민들 사이의 복잡한 관계의 한 예시에 불과하다. 국가의 국경과 국가, 민족, 종교, 언어 공동체가 완벽하게 일치하는 경우는 거의 없지만 국제적 테러와 이민이라는 새로운 현실에 대응하여 많은 국가들은 영토 주권을 재확인하고 문화적 순수성과 정부에 충성하는 환경을 조성하기 위해 국경 강화에 힘쓴다. 이러한 노력은 21세기 안보의 중심에 위치하지만, 세계화로 인해 안보는 범국가적 문제와 프로세스로 확장되고 있다. 이를 인식한 일부 학자들은 국가가 진정으로 안정되고 수익성을 가지려면 더욱더 단호한 국제 전략을 수립해야만 한다고 주장했다.

차등화되고 분리되는 주권

다국적 기업, 조직 및 관행의 중요성이 커짐에 따라 일부 국가들은 신자유주의, 국제, 경제적 네트워크를 촉진하는 새로운 하위 경계를 만들어야 했다. 결과적으로, 경제, 사회, 영토 일부 부문의 주권이 국가로부터 초국가적, 글로벌 또는 사적 실체로 옮겨가고 있는 것으로 보인다. 이러한 변화는 국경, 통치자, 그리고 피지배자 사이의 관계역학의 드라마틱한 구조적 변화를 일으켰다.

이런 구조적 변화는 국가가 인구나 영토의 일부를 차별 대우하는 것을 뜻하는 '차등화된 주권graduated sovereignty'이라는 개념에서 뚜렷이 드러난다. 경제특구는 주정부가 자발적으로 특정 지역에 대한 권한을 제한한 새로운 경계의 예시다. 경제특구는 외국인 투자 유치와 성장 촉진을 위해 상대적으로 자유롭거나 완화된 경제 규제를 받는 특별한 구역인데 그 범위는 기술혁신지대에서부터 산업단지, 관광특구까지 다양하다. 이러한 차이에도 불구하고, 이 구역들은 절대 영토 주권의 개념에 도전하고 국경과 국내 사이의 경계를 모호하게 만든다. 경제특구는 거의 모든 개발도상국에서 찾아볼 수 있는데 가령 인도는 약 220개의 경제특구를 운영하고 있으며 2012년까지 추가로 280개 지역의 특구화를 약속했다.

이러한 주권의 재보정으로부터 비롯되는 독특한 경계는 발전된 지역에도 존재하는데 미국의 지방 정부들의 경우, 상당한 세금 감면과 그 외의 또 다른 인센티브를 제공함으로써 BMW, 혼다, 토요타와 같은 외국 기업들을 유치하기 위해 노력해왔다. 지방 정부와 외국 기업들 사이의 이러한 관계에 관한 연구는 수많은 회사가 일부 지방 기업들보다 상당히 낮은 토지, 건축 및 설비세를 내는 것을 보여주었다.

말레이시아 정부도 경제 발전을 촉진하기 위해 유사한 방식을 도입했다. 말레이시아 정부는 기업가들과 외국인 투자자들에게 특권을 주는 것 외에도, 노동자들의 노조 결성을 제한하고 수출 지향적인 산업에서 담보 노동을 허용했다. 이로 인해 육체노동자들에 대해서는 엄격한 통제를 가하되 기업과 투자자에 대해서는 최소한의 규제를 가하는 다계층 제도가 만들어졌다. 국가 주권을 경제적 이익에 종속시키려는 이러한 노력은 권력과 경직된 국가 권위 사이의 부조화가 증가하고 있음을 시사한다.

독립된 주권표현 혹은 치외법권국가 관할권을 벗어난 구역의 통제은 예외적인 경계의 또 다른 예시다. 치외법권 지역에는 공항의 환승 포털, 대사관, 해상 선박 등이 포함된다. 이 지역들은 비록 국가로부터 분리되었지만, 각 주의 제한된 주권 영토로서 점점 더 많은 기능을 갖고 있다. 특별 수용 시설과 난민 센터는 종종 치외법권 지역을 구성하고 법 집행과 정의의 공간적 토대에 도전한다.

쿠바 관타나모 만에 있는 미 해군 기지GITMO는 의심할 여지 없이 치외법권 지역 중 가장 잘 알려져 있다. 19세기 후반부터 20세기 초 진행된 미국의 확장은 미국 헌법이 적용되는 영토의 범위에 대한 의구심을 불러일으켰고 1901년 대법원 판결은 처음에는 '미국

고유법'으로 제한되었지만, 미국의 지배하에 있지만 주로의 편입을 의도하지 않은 영토 내에 사는 시민들에게도 제한적인 범위에서의 헌법적 권리를 확대했다. 제2차 세계대전 동안, 완전한 헌법적 권리는 미국 통제하의 영토의 시민에게까지 확장되었지만 이 지역을 점령하던 외국인은 그 대상에서 제외되었다.

이것은 관타나모GITMO가 쿠바로부터 '임대된' 외국 영토이기 때문에 외국인들에게는 본질적으로 '무법한' 지역이라는 조지 W. 부시George W. Bush, 1946~ 행정부의 주장의 근거가 되었다. 제네바 협약뿐만 아니라 자유, 공정한 재판, 인신보호에 대한 권리도 적용되지 않는 것으로 간주되었다. 따라서 그 기지는 테러와의 전쟁에서 '적의 전투원'으로 의심되는 사람들을 위한 구치소 역할을 하는 데 가장 적합하다는 주장을 미국 대법원은 두 번이나 기각했고, 2009년 버락 오바마 대통령Barack Obama, 1961~은 감옥을 폐쇄하고 수감자들을 일리노이주의 교도소로 이송하라고 명령했다. 그러나 2011년까지 의회는 관타나모 구치소 수감자들을 본토나 다른 국가로 이송하는 것을 금지하는 법안을 승인함으로써 이 명령을 무효화시켰다. 이로 인해 억류 시설의 폐쇄가 사실상 중단되었고 억류자들이 계속해서 불안한 처지에 놓이게 되었다.

관타나모GITMO의 지위를 둘러싼 많은 논란이 있지만, 영토 외 관할권에 대한 아이디어는 긍정적인 의미가 있다. 여기에는 전쟁 범죄, 대량학살 행위, 그리고 고국 밖에서 저질러진 다른 반인륜적 범죄로 기소할 수 있는 국제 형사 재판소International Criminal Court의 권한이 포함된다. 그러나 국제 범죄 혐의를 받는 사람들을 기소할 수 있는 권한은 주권을 가진 국가들의 협력에 달려 있기에 튀니지의 독재자 제인 엘아비디네 벤 알리Zine el-Albidine Ben Ali에게 사우디아라비아가 은신처를 제공한 것처럼, 범죄자들은 우호적인 국가에서 은신처를 찾을 수 있었다. 아르헨티나의 아우구스토 피노체트Augusto Pinochet, 1915~2006와 라이베리아의 찰스 테일러Charles Taylor, 1931~와 같은 독재자들의 체포가 치외법권의 긍정적인 역할을 대변하는 반면, "본국으로 인도한다"라는 관행은 심각한 윤리적 문제를 제기하고 상당한 인권 유린의 가능성을 내포하기도 한다.

신흥 국경지대

전통적으로 지도에서 검은 실선으로 묘사된 국경이 영원불변하다는 인상을 주어왔다. 그러나 약 190개의 국가를 분리한 약 308개의 토지 경계선 중 상당 부분은 아직 결정되지 않은 채로 남아있다. 하늘과 바다도 고려한다면 수많은 새로운 국경지대가 나타난다. 국가와 관련자들이 이러한 새로운 영토에 대한 주권을 협상하는 데 있어 기존과는 다른 방식의 사고가 요구된다. 약 160개의 해상 경계가 현재 구분되어 있지만, 이를 제외한 약 270개는 여전히 논란의 대상으로 남아있다. 잠재적 해상 경계선의 3분의 1만이 확고히 구분 지어져 있다는 사실은 오랜 세월 동안 이어져 온 바다에 대한 배타적 권리를 주장할 수 있는 범위에 대한 논쟁을 드러낸다.

국가의 영해는 17세기에 만들어진 대포의 사정거리에 의해 결정되어 해안에서 3마일 떨어진 곳으로 최초에 설정되었다. 이렇게 불분명한 기준에 따라, 3마일 해안 수역을 넘는 모든 해역을 해양자유론에 따라 공해mare liberum로 유지시켰다. 공해는 국가들의 통치권 밖에 있기 때문에 현대 사회의 마지막 변경지대로 남았다. 그럼에도 불구하고, 20세기 초, 광물 자원, 해산물 자원, 그리고 해양오염 보호에 맞물린 국가들의 이해관계는 영해에 대한 다양한 재정의를 촉진시켰는데, 해리 트루먼 미국 대통령Harry Truman, 1884~1972이 1945년 대륙붕을 국토의 자연 발생적인 확장이라고 선언한 것은 이후 해상 자원 개발에 관한 선례를 남겼다.

일부 국가들은 해양 주권을 가지는 영역의 범위를 12마일로 선택한 반면, 몇몇은 해안 저조선에서 200해리 떨어진 곳까지를 배타적 경제수역이라고 주장했다. 1967년부터 1982년 사이 소집된 유엔해양법협약UNCLOS은 배타적 경제수역과 대륙붕에 관한 해양 주권, 항해 및 운송 절차, 심해저 채굴, 해양 환경 보호, 탐사 및 연구, 분쟁 해결을 위한 조항을 도입했다. 1982년에 성문화되고 1994년 이후 발효된 유엔해양법협약은 국가들이 해저에 매장된 석유와 천연가스를 개발하려고 하면서 점점 더 많은 압력을 받고 있다. 예시로, 미국과 쿠바 사이의 플로리다 해협에서 벌어진 해양 시추를 둘러싼 논쟁을 들 수 있겠다.

미국은 현재 플로리다 해협에 대한 시추를 금지하고 있지만, 쿠바는 2002년 이후 플로리다 해협과 멕시코만의 일부 지역에서 외국 석유회사들에게 여러 건의 임대권을 발행해 왔다. 이를 두고 2008년 딕 체니 부통령이 미국은 해역이 폐쇄된 상태임에도 중국이 쿠바를 통해 해역을 시추하고 있다고 주장하면서 논란이 커졌다. 사실 중국은 현재 쿠바 해양 시추 임대의 소유주가 아니다. 스페인, 노르웨이, 인도, 말레이시아, 베네수엘라, 베트남, 브라질에 기반을 둔 석유 가스 회사들이 이러한 권리를 가지고 자원 개발에 참여하고 있다. 2010년, 귀중한 해양 매장 자원들을 잃는 것에 대한 두려움으로 인해, 오바마 대통령은 석유 및 가스 탐사를 위해 동부 해안과 동부 걸프 해안의 일부를 개방할 것을 제안했다. 미국 플로리다 해협에서의 시추는 여전히 금지될 것이지만, 해저 자원 확보를 위한 경쟁은 세계 경제력을 논함에 있어 중요한 요인임은 분명하다.

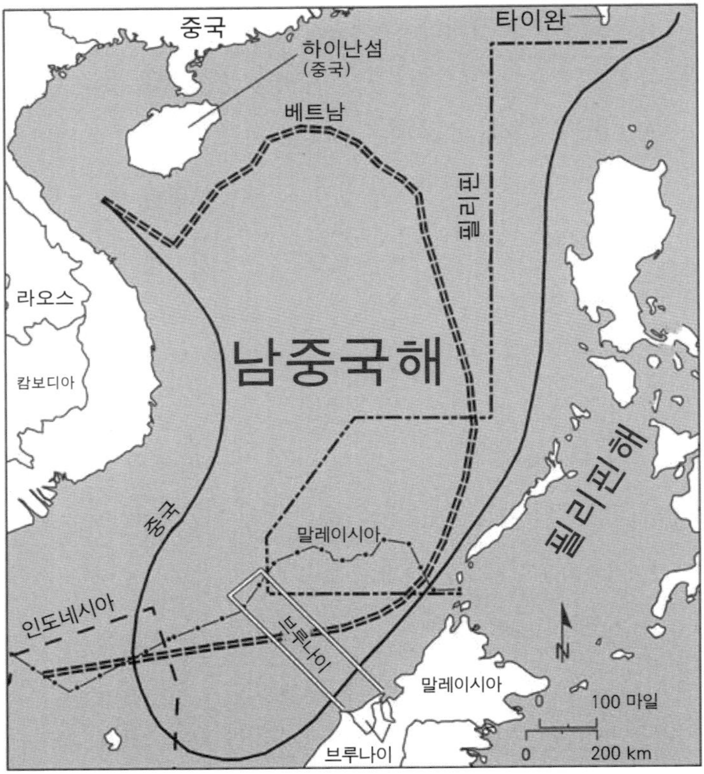

그림 6 _ 남중국해의 해양권의 주장

남중국해를 놓고 벌어진 치열한 경쟁은 더 큰 국제적 분쟁으로 번질 것으로 보인다. 남중국해는 세계에서 가장 붐비는 항로 중 하나일 뿐만 아니라, 경제적으로 높은 가치를 지닌 어류 자원들을 보유하고 있다. 이 밖에도, 석유와 천연가스 탐사를 통해 주요 해저 퇴적물 보유의 가능성을 가지면서 전략적, 상업적 가치가 높아졌다. 그 결과, 중국과 남쪽 이웃 국가들 사이 격한 갈등과 지속적인 해상 교전이 벌어졌다. 이 문제는 인도와 미국의 해군, 상업 및 과학적 목적의 선박들의 존재로 인해 더욱더 복잡해졌다.

또 다른 해양에서의 논란은 북극 지역에서 찾아볼 수 있는데, 이 논란은 빙하의 지속적인 후퇴가 북극 지역의 탐험과 상업이 가진 전략적 중요성을 변화시키면서 발생했다. 이는 북반구에 있는 많은 지역 사이를 이동할 때 더 짧은 항로를 제공할 뿐만 아니라, 각광받는 어장이 될 것이며, 상당한 석유와 천연가스가 매장되어 있는 것으로 초기 탐사에서 밝혀졌다. 이 문제는 2007년 한 러시아 탐험대가 북극 해저에 러시아 국기를 꽂기 위해 잠수정을 사용하며, 그 지역과 자원을 주권 영토의 확장이라고 주장하면서 세계적으로 알려졌다. 북극 지역에 접해 있는 다른 국가들은 곧바로 해저 탐사와 해군 강화를 위해 노력하기 시작했고 일부는 이미 UNCLOS에 의하면 공식적인 '대륙붕'이라고 주장하며 인정 요청을 하기도 했지만, 북극 주권 문제는 해결되지 않은 채로 남아있다.

영공의 경계 또한 기술적인 진보와 함께 논의되어왔는데 영토 주권의 상공으로의 확장은 그 실행 가능성에 관한 의문이 제기되었다. 영공의 기준은 일반적으로 육지에 대한 주권과 일치하며 비행의 일반적인 상한선을 나타내는 카르만 선까지 확장된다. 하늘을 통한 여행이 시작되기 전에는 이 공간에 대한 통제가 불필요했지만, 항공이 현대 사회의 상징이 되고 국가들이 그들의 영공 주권을 강력하게 보호함에 따라, 영공은 물질적으로나 상징적으로나 점점 더 큰 의미를 가지게 되었다. 그러나 1960년대 이후 항공 여행의 규제 완화와 국제 민간 항공 기구International Civil Aviation Organization의 추진으로 각 나라들은 자국의 항공 운송업자와 영공을 보호하는 데 있어 비교적 덜 완강해졌다. 이러한 범국가적 조직과 국경을 넘어서는 조정행위는 특히 국경에 근접한 공항에 필수적인데 ICAO는 국가들 간의 중재자일 뿐이며, 각국은 자국 영공에 대한 주권을 행사하고 있다.

그러므로 영공 주권은 지정학적 중요성을 가질 수밖에 없다. 정부들은 일반적으로 영공의 침해를 메시지를 보내는 수단으로 사용해 왔는데 예를 들어, 러시아의 리투아니아 영공 침범은 칼리닌그라드 엑스클레이브에 대한 지위를 유지하려는 러시아의 확고한 결심을 드러내었고, 1986년 리비아 폭격 당시 미국 비행기들의 자국 영공 통과를 거부한 프랑스는 이를 통해 이 작전에 반대한다는 뜻을 밝히기도 했다. 오늘날, 영공의 안보는 미사일 방어 시스템, 레이더 감시 및 위성 기술에 의해 강화되고 있다.

완곡하게 말해, 우주 공간은 1957년 소련이 첫 위성을 발사한 이후 분명한 지정학적 중요성을 지니게 되었다. 이것은 1967년에 우주, 달, 그리고 다른 천체들을 국가 주권 주장의 대상이 아닌 '인류의 영역'으로 선언하는 우주 조약Outer Space Treaty으로 이어졌다. 이 조약은 국가들이 우주 어느 곳에도 핵을 비롯한 대량 살상 무기를 배치하는 것을 금지하고 있으며 달이나 다른 천체에 군사 기지를 건설하거나 군사 활동을 하는 것 또한 금지한다. 그러나 이 조약은 지구나 달 궤도를 돌거나 우주에 떠 있는 핵을 사용하지 않는 무기의 배치나 사용을 금지하지는 않는다. 이로써 1980년대 미국의 우주 주권이 임박했다는 큰 우려를 불러일으켰던 미국 전략방위구상Strategic Defense Initiative의 길이 열렸는데 스타워즈는 결코 실현되지 않았지만, 미국, 러시아, 그리고 중국은 현재 필요에 따라 상대국 위성을 파괴할 수 있는 무기 시스템을 보유하고 있다.

우주 그 자체는 국가 주권 주장의 대상이 아니지만, 우주 조약은 인공위성과 다른 우주선이 바다 위의 배나 외국의 대사관과 유사한 국가 주권의 신성함을 지닌 치외법권의 지역으로 인정한다. 위성 및 원격 감지 기술의 발전은 거대한 글로벌 미디어 기업들을 통한 뉴스의 신속한 보급에서부터 인터넷을 통한 지구 표면의 선명한 항공 이미지 이용에 이르기까지 국경을 넘나들며 상업적, 문화적으로 응용되고 있다. 카르만선에 따라 상공 비행은 국가 영공을 침범할 수 있지만, 위성은 선상의 궤도를 돌기 때문에 자세한 항공 이미지를 주권을 침해하지 않고 얻을 수 있다. 비록 인공위성 자체가 무기화되지는 않았지만, 우리가 아는 한, 그것들은 여전히 분명한 군사적 의미를 지니고 있다. 미국의 위성 위치 확인 시스템GPS은 수많은 운전자와 등산객뿐만 아니라 비행기와 선박에 대한 위치 정보를 제공하기 위해 정지 궤도 위성 네트워크에 의존한다. GPS는 또한 크루즈 미사일과 기타 유도탄에 대한 매우 정확한 표적 정보를 제공함으로써 미군에 상당한 이점을 제공하기도 한다. 유럽연합, 러시아, 중국, 인도는 현재 자체 GPS 기능을 개발하거나 발전시키기 위해 노력하고 있다. 항공, 바다 및 우주에서 볼 수 있는 이러한 예시들은 영토, 주권 및 국경에 대한 접근 방식이 기술의 발전, 경제적인 가치, 지정학적 중요성에 따라 어떻게 변해 왔는지를 분명히 보여준다.

제5장

경계를 넘는 자들과 경계 가로지르기

이민자들과 난민들

초국경 정체성들과 공동체들

반란자들과 테러리스트들

범죄자들과 경찰

관광객, 관광, 그리고 경계

그 어느 때보다 많은 수의 사람들이 전례 없는 빈도로 국경을 넘나들고 있다. 그러나 국경을 넘는 경험과 과정들은 꽤 다양하다. 몇몇의 국경들은 단순한 표지로 표시돼 있으며 간단한 신원 확인 절차만 거치면 국경들을 넘을 수 있지만 반면에 또 다른 지역에서는 엄청난 서류와 조사를 거쳐야만 한다. 경계를 넘는다는 행위는 다른 국경 지역들이나 구역들 그리고 둘 또는 그 이상의 영토들 간의 조우를 만들어내는데, 몇몇 국경지방들은 다양성을 즐기는 만남의 장소가 되는 반면 다른 곳들은 긴장과 적대감이 가득 찬 지역이 되기도 한다.

이민자들과 난민들

많은 현대 사회이론가들은 국경 횡단의 거의 전 과정들은 소속의 사회적 분류, 특히 시민권의 개념을 재생산하는 것이라고 말한다. 이런 논의는 보통 부정적으로 인식되는 이민자들, 추방자들, 난민들과 같은 단어들과 범세계주의자, 세계 여행가들, 그리고 세계시민들과 같은 좀 더 긍정적인 말들을 대비시킨다. 후자의 범주들은 견고해진 사회공간 체제들의 초월을 가능케 하는 상호교류와 연결의 새로운 공간의 등장을 시사하며 자유롭게 스스로 관리하며 간섭을 받지 않는 개인들의 경제 활동도 허용한다. 이런 관점은 내부자 또는 외부자 같은 범주와 포용이나 배제 과정의 가변성을 보여줌으로써, 시민권과 충성심에 대해 우리가 대부분 질문 없이 받아들였던 이상ideal에 대한 합의를 만들어낸다. 그럼에도 불구하고, 이런 이분법은 개개인의 신체를 국경의 장소로 바라보게 하며 이런 인식은 점점 더 확산되고 있다.

예를 들면, 외교관의 면책특권 개념은 국가 체제로부터 유래하지만, 그들이 실제로 거주하는 국가의 사법권으로부터 외교관을 제외시키는 유동적인 주권의 한 형태로서 기능한다. 이들 개별 외교관들은 모국의 주권을 거주국의 사법권 안으로 문자적으로 그리고 비유적으로 이식한다. 즉 그들은 현재 거주하는 나라 안에 있는 것이 아니라 또 다른 나라 속에 있는 것이다. 체류하는 국가의 책임과 제한들로부터 제외된 것처럼 또 다른 나라 안에 거주하고 있지만 그곳에 물리적으로 속해있지는 않은 것이다. 여행, 고용, 그리고 학생 비자 소지자들도 주권 공간으로서 자신의 신체를 현지의 틀에 맞춤으로써 유동하는 시민권과 국가적 정체성 성취의 유사한 모습을 보여준다.

외교관의 면책특권이나 정해진 영토 내에서 체류하는 관광비자와는 반대로, 공인되지 못한 이민자의 신체는 강제 구금 또는 추방을 통해 국가주권의 위반과 국경 강화의 바로 그 현장이 되는 것이다. 국경에서 불법 이민자들이 마주하는 어려움은 다른 이들이 국경을 넘을 때 경험하는 상대적인 수월함과 극명하게 대조된다. 예를 들어, 특별한 기술을 가진 사람들에게 국경은 대체로 통과하기 쉬운 곳이다. 반면에 기술이 없는 노동자들은 보다 큰 저항에 직면하게 된다. 이민자들의 권리에 관심을 가지고 있는 관계자들이 볼 때 국경은 고질적으로 인권이 취약해지는 곳이다. 불법 이민자들은 대부분 가장 극단적인 위험들에 직면할 뿐 아니라, 모든 월경행위는 잠재적으로 갈취, 착취, 학대가 일어날 수 있음을 의미하기에 학자들과 인권운동가들은 엄격한 이민정책의 철저한 집행은 인간 존엄성을 훼손하는 비윤리적인 행위라고 말한다. 복지, 건강보험, 법 집행, 교육 등과 같은 사회서비스의 비용을 고려한다면, 대부분의 국가들은 정부의 공적 혜택에 대한 접근을 제한하는 것은 사회 기능상 어쩔 수 없는 것이라고 반박한다.

러시아는 이런 이민 논쟁의 주요한 예이다. 구소련의 붕괴 이후, 러시아는 '이주의 자석migration magnet'으로 떠올랐다. 서류 미비 이민자들이 아프리카, 동아시아 등의 여러 나라들로부터 러시아로 몰려들었다. 심지어 이들보다 더 많은 이민자들이 구소련에 속했던 독립국가연합Commonwealth of Independent States에서 몰려들었다. 그들의 법적 지위는 구소련의 공화국들 사이에 비자 면제 조치를 허락한 조약 때문에 불확실하였는데 인구 조사에 따르면 러시아의 불법 이민자 수는 삼백에서 삼백오십만 사이에서 최대 육백만 명까지로도 추산된다. 몇몇 이민자들은 유럽연합으로 가기 위한 중간지점으로 러시아를 활용하기도 한다. 그러나 일부는 러시아를 기회의 땅으로 여기기도 한다. 그렇더라도 이민자들은 "러시아는 러시아 민족을 위해 존재한다"는 슬로건을 지지하는 60% 이상의 러시아인들의 극심한 거부에 직면하고 있다. 난민의 지위를 획득하기는 매우 힘들고 일자리나 사회서비스에 대한 접근은 금지되고 있으며 민족주의에 의해 촉발된 이민자들에 대한 폭력은 증가하고 있다. 그러나 러시아의 미래 인구 예상은 이민 제한 정책을 완화시켜야 할 정도로 대단히 심각하다. 서방국가로 떠나가는 러시아 최고 인재들의 두뇌 유출과 인구 고령화 때문에 대부분의 사회적 자유주의자들은 '대체 이민replacement immigration'을 지지한다. 즉 러시아 인구의 감소와 고령화를 상쇄할 수 있는 것은 이민자들의 유입뿐이다. 지금까지, 러시아에서 이민반대자들은 외국인들 때문에 범죄율이 높아지고 러시아 문화의 순수성이 없어진다고 떠들썩하게 주장하면서 논쟁을 주도하고 있다.

이민 제한은 캐나다, 미국, 호주, 일본, 그리고 유럽에서도 상당한 논쟁거리다. 한 사례로 최근 유럽연합은 아프리카인들의 이민을 제한하려고 아프리카와 유럽 사이의 바다에서 순찰을 증가시키고 있을 뿐만 아니라 스페인 남쪽 국경을 따라 새로운 구조물들이 건설되는 중이다. 이런 구체적인 행위들은 스페인/유럽 정체성 대 모로코/아프리카 정체성의 상징적 대조와 결합한다. 이런 활동들은 국경이 그저 지도 위 선들이나 풍광 위의 지점들 훨씬 그 이상의 것들이라는 걸 보여주며, 국경이 배제, 소외, 차별의 가변적 과정들을 어떻게 구성하는가를 보여준다. '환영welcome' 대 '비환영'의 단정적 정의는 종종 국가 사이의 경계라는 실재와 연관된 특별한 요소들에 달려있다.

하나의 예로 난민에 관한 규정을 보자. UN은 난민들을 "인종, 종교, 국적, 특정 사회집단의 구성원 또는 정치적 견해를 이유로 박해를 받을 우려가 있다는 충분히 근거가 있는 공포로 인하여 국경을 넘어온 사람들"로 규정한다. 난민의 지위는 그러므로 자신의 나라 밖에서 법적 보호에 의지할 수 없거나 아니면 의지하고 싶지 않다는 조건 위에서 성립된다. 결과적으로, 난민들은 망명을 신청할 자격이 있고, 그들의 모국으로의 추방의 가능성 없이 다른 나

그림 7 _ 2011년 수단의 다르푸르 난민캠프에서 아이들과 인사를 나누는 태국에서 온 유엔 평화유지군

라에 거주할 권리를 얻게 된다. 이것은 국경을 넘은 사람들에 대한 가혹한 대우의 실재를 명확히 보여준다. 난민 지위는 공산주의나 종교적 독재자들의 억압을 피한 사람들에게는 가능하지만, 가난이나 환경 파괴를 피할 목적의 경제적 난민들은 제외된다. 이런 시민과 비시민, 이민과 난민, 그리고 자발적 또는 비자발적 이주 사이의 사회적 법적 구별들은 '장소 안'과 '장소 밖' 사이, 즉 소속의 지리적 분류를 구성한다. 그럼에도 불구하고 여전히 이민자들의 정체성은 결코 국경선에 의해 완벽히 정의되지는 않는다.

초국경 정체성들과 공동체들

이주 연구 분야는 전통적으로 유럽인들의 아메리카 이주처럼 영구정착지로의 방향 이동을 중점적으로 다루었다. 그러나 오늘날은 국가들 사이의 순환적, 회귀적, 계절적 이주의 모습에 착목하는 연구추세이다. 이주는 본질적으로 일생 혹은 한 해 동안에 걸친 다양한 국경 횡단들을 포함한다. 서로를 연결해 주는 교통과 통신이 발달하면서 이런 순환적 이주로 인해 공간적으로 흩어진 집단들이 좀 더 촘촘하고 밀도 있는 사회적 관계 형성이 가능해졌다. 새로운 이주의 양태들은 경제적, 문화적, 정치적, 그리고 사회적으로 큰 변화를 요구하며, '보내는' 공동체와 '받는' 공동체들 사이의 구별이 흐릿해졌다.

이런 '초국가적 사회의 장transnational social fields'은 전통적 민족국가 체제를 넘어서는 집합적 행동이 가능하도록 조직된다. 아일랜드 미국인이나 한국계 카자흐스탄인처럼 어떤 개인의 민족적 유산이 현재 속한 국가의 기초와 연결되어 있는 혼종화된 정체성은 오늘날 꽤 일상적이다. 대부분의 예에서 보듯, 이런 혼종적 구성은 이제 평범한 것이며 개인의 개성을 강화하는 역할을 할 따름이다. 다른 예들을 살펴보면 언젠가는 돌아갈 열망을 가진 사람들이 모국의 경계를 넘어 타국에서 사는 민족 집단으로 흔히 정의되는 디아스포라들이 모국의 국내적인 논쟁에 영향을 미치며 모국의 지도자들의 국외 디아스포라들의 설득역량에 의해 국가 주권은 크게 시험받는다. 세계에 흩어진 많은 민족 집단들이 역사적 모국으로 돌아가는 것에 거의 관심을 갖지 않기 때문에 최근 초국가적 사회적 장들은 굳건한 지속성을 유지하며 디아스포라의 정의에 의문을 제기한다. 즉, 디아스포라들은 '둘 중 하나'가 아니라 '양쪽 다'에 속하는 국적 지위를 형성하는 혼종화된 정체성을 선택하였다.

이런 초국가적 사회적 장의 예들은 미국에서의 '유대인 로비', 프랑스의 알제리인들, 독일의 터키 '방문 노동자들', 그리고 많은 나라들에 거주하는 아르메니안 디아스포라 공동체와 같은 집단들을 포함한다. 다른 많은 집단 중에서 러시아의 타지크 노동이민자들, 아프리카의 레바논 상인 집단들, 호주에 증가하는 아시아 공동체들과 같이 덜 알려진 공동체들은 근본적으로 다양한 사회경제적, 정치적 그리고 문화적 양상의 사례연구 거리이다. 각 경우에 정치적 영향력, 문화적 주입, 그리고 송금과 같은 행위들을 매개로 양쪽 사회는 영향을 주고받는다. 이런 매개 장치들로 인해 소속감이 생기기도 하고 새로운 장소와 사람들 속에서 위치를 확립시키기도 한다.

증가하는 초국가적 사회적 장의 영향력은 소련의 붕괴 이후 중앙 유라시아 전체에서 분명하게 나타나고 있다. 한 사례로, 디아스포라 연결망은 국내적으로나 국제적으로도 모든 아르메니아 엘리트들에게 특별히 중요한데 몇몇 아르메니아인 망명자들은 상당한 정도의 민족주의자이었기에 소련의 해체 당시 새로이 독립한 아르메니아 국가들로의 이주를 원했다. 이 디아스포라 공동체의 일부는 외국에 있는 새로운 장소에 정착하였다. 결과적으로 아르메니아 범 민족운동the Armenian Pan-National movement 같은 디아스포라 조직들은 해외 송금 자금의 흐름을 관리하고, 경제 발전 프로그램들을 만들고, 교환 학생 프로그램을 조직하고, 문화적 이동을 조직하기 위해 만들어졌다. 이러한 공동체의 성공 사례들을 보면서, 새롭게 독립한 중앙 유라시아의 독립국가들은 뿔뿔이 흩어진 공동체들을 엮어 민족적 애착 정도에 따라 디아스포라 봉사 연합체들을 세웠다. 세계 아제르바이잔 국회, 카자흐인 세계 연합회, 그리고 크림 타타르 국가 회의가 이런 예들에 포함된다.

이런 초국경적 연결망들은 다른 발전된 지역처럼 '역 이주return migration'가 목표가 아닐 때 다국적주의에 대한 국가적 관용이라는 중요한 문제가 등장한다. 특히 '모국의 확대stretching of the homeland'라는 개념은 모국의 시민권을 가지고 있거나 실제적인 이주가 없어도 재산의 소유를 인정하고, 교육을 지원하고, 모국의 문화적 이해를 돕기 위한 기회를 제공한다. 이런 과정은 9·11 테러 이후 세계의 무슬림들이 서구 국가들에서 차별에 직면하게 되고, 지정학적 관계들로 인해 '테러와의 전쟁'으로 대립하던 정부들 간에 긴장이 고조되었기 때문에 극단적으로 복잡해 졌다. 현대 국제 체제 안에서 이주민들의 역할은 더 다양해졌고 동시에 이전보다 훨씬 더 큰 정치적 무게를 안게 되었다.

남아시아에서 대영제국의 역사적 유산은 인도와 파키스탄으로부터 영국까지의 안정적 이민에 의해 생긴 초국적 사회적 장을 통해 계속되고 있다. 수익을 따져 본다면 긍정적 측면에서, 이들 이주의 물결은 이미 범세계주의적 문화 지형에 또 다른 하나의 층을 첨가한 것뿐만 아니라 영국 사회에 언어 기술 그리고 문화적 유사성과 함께 귀중한 노동 자원을 제공한다. 그러나 부정적 측면으로는 망명자 공동체들 안에는 인도와 파키스탄 사이 탈식민지 시대의 적대감과 지정학적 긴장들이 재생산되고 있다. 이런 탈식민적 이주는 여전히 존재하는 인종주의나 맹목적 애국주의를 퍼트리는 기제가 되고 있으며, 인도-파키스탄 국경의 긴장을 영국의 도시들에게로 이식시키고 있다. 이런 현상은 개인과 집단 속으로 옮겨온 정체성의 구성이 새로운 도시 속 또는 변두리 국경들에서 어떠한 중요성을 갖게 되는지를 이해하는 데 중요하다. 이는 또한 국경의 침투적 특성에 관한 중요한 관점을 부각시킨다. 국경 넘기는 국가, 지방, 그리고 도시들에 큰 이익을 가져다준다. 그러나 이런 횡단은 다양한 형태의 사회경제적 부정의와 심지어 폭력을 양산할 가능성 또한 가진다.

반란자들과 테러리스트들

전쟁은 보통 80년대 이란-이라크 전쟁 또는 영국과 아르헨티나의 포클랜드 전쟁처럼 두 주권 국가 사이의 군사적 갈등으로 이해되었다. 그러나 대부분의 현대전은 많은 국가들과 다양한 비국가 무장세력들에 의해 치러지고 있다. 몇몇 전쟁은 국제법이나 규범을 어긴 정권들에 맞선 좀 더 큰 동맹들 또는 국가 연합군이 나서면서 발발하기도 한다. 이런 유형의 연합군들은 일반적으로 국제사회에 의해 승인되는데 아프가니스탄과 리비아에서 NATO가 이끈 군사작전과 1990~91년까지의 걸프 전쟁에서 UN이 승인한 연합군이 이런 사례가 될 것이다. 미국이 이끈 2003년 이라크 침공과 콩고민주공화국에 대해 반복되는 외국의 공격들은 국제적 승인 없이 군사작전을 시작한 예이다.

이들 대규모 군사작전과 동시에 현대 분쟁들은 비국가 무장세력에 의한 소규모의 국경 횡단들을 더 많이 포함하고 있다. 이런 분쟁들은 자주 한 국가 내에 국한된 채 벌어진다. 내전, 내부분쟁,

국내 분쟁과 같은 용어들은 국경 안에서 정부와 반란군 같은 경쟁 파벌 간의 폭력사태를 가리킨다. 이런 국내 갈등의 대부분은 1945년 이후 반란 집단들이 국경을 넘어 활동하고 있기 때문에 쉽게 해결되지 못하고 있다. 암살, 폭발, 무기공급 기지들, 훈련캠프, 모금 연결망, 다른 기구들이 대개 인근국이나 멀리 떨어진 국가들로 확대된다.

쿠르드 노동자당The Kurdish Workers Party, PKK은 국경을 넘은 반정부운동의 성격을 띠고 있다. PKK는 터키 영토 내에서 쿠르드 국가로 분립 독립하려고 오랫동안 활동하고 있다. 이런 활동에는 터키에 대한 공격과 터키의 대외 이익에 대항한 공격들이 포함되어 있다. PKK는 쿠르드 디아스포라들로부터 지원을 끌어오고 전투원들을 북이라크나 이란의 캠프에서 훈련시키고 있다. 미국이 정한 북부 이라크 지역의 비행 금지구역은 의도하지 않게 PKK의 은신처를 제공하였고 긴장의 주요한 요인으로 발전하게 되었다. 이에 터키는 2003년 미국의 이라크 침공 때 허용한 영공 사용을 거절하였으며, PKK의 위협을 차단하기 위해 여러 번 지속적으로 이라크 영공을 침범하고 있고 2008년 2월에는 8일 동안 이라크를 침략하였다. 이런 예시들은 국제적 맥락 안에서 현대 '내전'의 갈등을 이해하는 것이 중요하다는 것을 보여준다. 내전과 국제 분쟁 간에 경계선이 흐려지면서 현대의 반란, 혁명, 분리주의 운동의 대부분이 국내에서 기획되지 않고 직접적으로 국경을 넘는 행위를 포함하게 된다.

유사하게, 국제 테러리스트 연결망은 각국 안보기관들의 추적을 피하기 위해 초국가적 자금 모으기와 통신에 의존함으로써 근대국가 체제의 근본적 전제들을 약화시킨다. 테러라는 범죄 행위의 범위가 한 국가의 국경을 초월함에도 불구하고 대개 일반 범죄와 마찬가지로 한 국가의 사법 체계 속에서 처벌받는다. 무고한 시민들을 살상한 테러리스트들은 자신들이 공격한 국가 안에서 살인의 죄목으로 처벌받지만, 범죄의 준비 자체는 그 나라 밖의 영역으로 확대된다. 다양한 국가들에서 사이버 공간의 음습한 영역에서 움직이는 조직에 의해 테러가 수행되고 그 영역 안에서 지원과 지도를 받고 영감도 얻는다. 테러 방지를 위한 노력은 테러가 발생하는 국가의 국경을 넘는 협조가 필요한데 이는 역설적으로 1980년대와 90년대 미국의 리비아, 수단, 아프가니스탄, 보스니아 그리고 세르비아의 공격처럼 주권국가의 국경을 침범하는 예방적 또는 보복적 공격으로 국제 규범들이 더 약화된 것 또한 사실이다.

알카에다Al Qaeda 조직은 확실히 현대의 여러 테러 집단 중에 가장 악명이 높은데 실제 회원들의 수가 꽤 적음에도 불구하고 대의명분을 위한 신뢰성, 가시성, 그리고 자금성을 증진시키기 위해 세계의 다양한 종교적 집단들이 알카에다 '상표'를 수용하고 있다. 모국을 방어하고 국경들을 순찰하는 대신, 이들 테러 집단들은 민족 국가 체제의 지정학적 규범들 밖에 존재하는 세포 단위의 독립체로 존재한다. 미국의 조지 W. 부시 대통령은 '비국가 활동세력들'의 탈영토화된 위협에 대항하여 대테러 전쟁을 선포하였고 항복이 없는 이런 싸움은 세계 역사 속에서 독특한 전쟁의 형식이 되었다.

아프가니스탄과 파키스탄 국경선에서의 갈등들은 정부군, 반군, 국제 연합군, 그리고 테러리스트 운동의 전투적이며 협동적인 혼합을 통해 테러와의 전쟁의 복잡성을 보여주고 있다. 미국 주도의 NATO군은 2001년 이래 아프가니스탄에서 알카에다와 탈레반의 동조자들과 싸워왔으나 많은 알카에다/탈레반 군대는 북서 파키스탄 속으로 월경하여 도망가버렸다. 파키스탄 영토의 한 부분임에도 불구하고, 이 지역에 있는 부족들은 상당한 자율권을 누려왔고 종족적으로 문화적으로 유사한 이들 부족들의 지도자들은 탈레반을 향해 대체로 동정적이었다. 이 지역들은 알카에다/탈레반 세력들이 아프가니스탄에서 게릴라 공격을 하기 위한 혹은 해외에서의 테러 활동을 준비하기 위한 피난처와 은신처로 발전했다. 미군은 공식적으로는 월경을 할 수 없었으나 원격 조종하는 순찰 드론으로 미사일 공격을 늘려갔고 파키스탄 영공을 침범하기도 했다. 국경을 넘어선 이런 작전은 2011년 알카에다 지도자 오사마 빈 라덴Osama bin Laden, 1957~2011을 사살하기 위해 미국 특공대원 헬리콥터가 파키스탄 깊숙이 침투했을 때 절정에 다다랐다. 인권활동가들, 국제 법률가들, 그리고 국가 안보 전문가들 사이에 빈 라덴 작전과 드론 공격은 도덕성과 합법성 논쟁을 불러일으켰고 이는 어떤 집단이나 개인들이 국가반역자 혹은 단순 범죄자라는 분류에 주관적 특징이 작용함을 분명하게 보여준다. 이는 또한 복수의 국가 영토에서 행해지는 범죄예방의 노력이 초국경 범죄와 무수히 많은 문제들에 복잡하게 연관되어 있음을 시사한다. 어떻든 미국은 예멘, 소말리아, 리비아, 그리고 그 외 다른 나라들에서의 사회적 갈등에 대응하여 드론 공격 프로그램을 확대시켜 왔다.

범죄자들과 경찰

대부분의 국가들은 그 사법적 권한의 기초를 영토에 두는 사법체계를 갖고 있다. 다양한 국가, 지방, 그리고 지역 법원들 사이의 경계들은 일관적이고 효율적인 법 집행, 범죄의 처벌, 그리고 피해자의 보상을 확실히 보장하도록 돕는다. 그럼에도 불구하고, 영토주권과 사법권의 경계를 표시하는 국경에 대한 인식은 종종 국내

외 모든 범죄 행위를 저지하기 위한 노력에 방해가 된다. 기본적 규칙을 만들고 집행하기 위한 각국의 노력에도 불구하고, 전 세계적으로 법률 체계와 집행은 파편화되어 서로 다를 뿐만 아니라 몇몇 지역에서는 거의 작동을 하지 않고 있다.

몇몇 나라들은 법체계가 고도로 중앙 집중화되어 지역의 사법관할권이 실제로 작동되지 않고 있고, 다른 나라들은 상호 연결된 부분들을 조정하기 때문에 법 집행이 좀 더 탈중심화되어있다. 이것들은 대개 범죄 행위를 규정하기 위한 토대로서의 법률 사상, 그 토대로부터 유추한 법들을 집행하기 위한 경찰 체계, 법을 적용하기 위한 법원 체계, 그리고 범죄자를 처벌하거나 교화하기 위한 교정체계를 포함하고 있다. 예로, 미국의 50개 주들은 헌법과 대법원의 결정들에 따라 구별되는 법률들을 만들고 분리된 경찰력을 관리하는 권리를 가지고 있다.

인권 보호와 국제적 행동의 보편적 원칙들을 지키기 위한 노력에도 불구하고, 국제 체제는 경찰력이나 법 위반을 심판하고 처벌을 결정할 최종적 권위를 갖지 못하고 있다. 대신 국제사회는 초국경 범죄들과 싸우기 위한 노력 속에서 정보를 공유하고 협력하기 위해 개별국가의 법집행 기관들에 의존한다. 인터폴INTERPOL과 유로폴EUROPOL은 제한된 권한들을 가지고 조직되어 있으며 그들의 역할은 전통적으로 각 나라들과의 범죄 인도와 수사 협조를 용이하게 하는 데 초점을 두고 있다.

논쟁이 없지는 않지만, 과거 두 세기 동안 개별국가들은 범죄의 초국경적 현실에 대응하기 위해 다양한 법적 절차들을 만들었다. 범죄 인도와 국제공조수사는 국제사법제도 영역에서 고정적인 협력을 위한 주요한 동력이 되었으나 점차적으로 새롭게 확대된 위협들에 맞서기 위해 새로운 정책들, 법원들, 그리고 구치소의 건설이 증가하고 있다. 한 사례로 미국은 국내 법집행을 위한 FBI, 해외 정보작전을 위한 CIA를 통해 외국 정부들과 정보자산을 공유하고 있다. 이런 정보교환은 국내와 국제 안보 기구들을 구분하면서 집행되던 법적 행사를 애매모호하게 만드는 결과를 초래한다. 미국 국토안보부의 경우는 국경 관련 국가기관으로서 미국 국경의 차단과 여과 기능들을 확실히 수행하고 국가 내부의 경계들을 가로지르며 최고의 임무 수행을 목적으로 하고 있다.

이런 노력들에도 불구하고, 국경을 넘은 범죄는 그 범위가 넓기에 이를 통제함에 어려움이 지속되고 있다. 예를 들어, 다양한 형태의 불법 거래와 밀수는 국제적으로 만연한 월경행위인데, 여기에는 자동차, 배, 그리고 배로부터 보행자용 터널, 숲길, 도하渡河에 이르기까지 생각할 수 있는 모든 교통수단이 이용된다. 밀수의 대상과 수단들도 다양해져서 법 집행을 불가능하게 만든다. 기술의 발달로 추적은 쉬우나, 문제는 해상의 선박들은 선적국의 주권적 영토로 간주된다는 것이다. 미국으로부터 받은 정보에 따라 2002년 스페인 해군은 스커드 미사일을 예멘으로 실어 나르는 국적기가 없는 북한 화물선을 정지시켰다. 그 당시에, 북한은 테러 지원국가로 지정되어 있었으며, 예멘은 미국의 연합국이었음에도 불구하고 정치와 종족 갈등이 만연한 상황이었다. 무기거래를 금지했음에도 불구하고, 미국은 마지못해 운송을 허락했는데, 그 이유는 국제법에 따라 예멘은 무기를 구매할 수 있는 법적 자격이 있는 주권 국가이며, 화물선은 북한의 주권적 재산으로 간주되었기 때문이다.

무기 밀거래는 일반적으로 큰 운송 수단이 필요한 반면 마약은 그렇지 않다. 밀수꾼들은 마약 운반책이나 때로는 국경에서의 조사를 피하기 위해 신체 내에 밀수품을 삼키거나 숨기는 사람들을 고용한다. 이로 인해 법 집행 공무원들은 힘들게 개인들의 아주 작은 부분들까지 검문하고 있다. 마약 밀수는 아메리카 대륙 전체의 각 정부들에게 여간 골치 아픈 문제가 아니다. 불법 마약에 대한 북미에서의 수요가 기름을 부으면, 마약범죄 조직들은 국경관리기관들과 심지어 중미와 남미 나라들의 영토 주권에 심각한 위협을 가하면서까지 불법 활동을 전개한다. 1970년대부터 콜롬비아 마약 범죄 카르텔은 코카인을 재배 밀수하면서 세력을 키웠고 그 나라의 여러 지역을 통제하기에 이르렀다. 큰 폭력충돌 후에,

콜롬비아 정부는 1990년대 동안 마약 카르텔을 분열시키는 데 성공했다. 그러나 불행하게도 마약 거래에 대한 통제는 단순히 다른 집단의 세를 불리는 결과만 초래했을 뿐이다. 콜롬비아 무장혁명군FARC이 마약조직들이 남기고 간 빈 공간을 차지하였고 사실상 콜롬비아 정부에 대항한 싸움 속에서 상당한 영토에 대한 지배권을 확립하였다.

좀 더 최근에는 멕시코의 마약 범죄 카르텔들이 마약 거래를 지배해왔고, 이로 인해 경쟁 카르텔들과 공권력 사이의 광범위한 폭력사태를 촉발시켰다. 이러한 마약 거래가 2010년 한 해 동안 1,100명 정도의 사망자를 낳은 것으로 추정되었고, 이에 멕시코 정부는 일정 지역들에 대한 효율적 통치력을 상실하였다. 이 숫자는 같은 기간 이라크에 보고된 민간인 사망자 숫자보다 3~4배가 많은 것이다. 이런 비참한 상황은 콜롬비아의 FARC와 멕시코 마약조직들이 불법 무기, 전투기, 그리고 다른 공급품들을 사기 위해 마약 거래로부터 나오는 이익에 의존하고 있다는 것, 즉 마약과 무기밀매 사이의 긴밀한 연결 관계를 분명히 보여준다. 마약수익은 또한 정부의 공무원과 국경 경비들에게 뇌물제공을 위한 자금으로 사용되며 밀수계획들을 유지시켜 준다. 마약범죄 집단들과 반체제 집단들을 결합시키는 무기밀수는 민간 범죄 기업들과 폭력적 정치 반란자들 사이의 구분을 모호하게 하는 효과를 낳았다.

불행하게도, 유럽과 아시아를 가로지르는 마약에 대한 수요는 중앙, 남동 아시아에서의 반란을 부채질하고 있다.

밀입국에 연관된 인신매매와 밀수 사업들은 국경을 넘는 사람들의 불법적 흐름을 가능하게 한다. 인신매매는 대개는 돈을 지불하는 대가로 허가 없이 외국으로 입국하려는 사람들을 돕는 것을 포함한다. 이것은 은밀히 국경을 넘으려는 이주자들을 안내하는 일과 공식적 입국을 통과시키기 위해 거짓 서류를 꾸며내는 일까지 포함한다. 일시적 노예 상태로부터 강요된 노동까지 다양한 형태가 있음에도 불구하고, 인신매매는 재산으로서 인간을 실제 거래하는 것을 가리키며, 종종 '현대판 노예'로 명명된다. 사고 팔리는 사람들은 일반적으로 청년들이나 십대 또는 심지어 더 어린 어린이들인데 이들의 일의 범위가 가사 근로, 착취 노동, 용병, 성매매업까지 걸쳐서 착취당하고 있다. 인신매매의 과정이 꼭 국제적인 국경을 넘는 것은 아니지만 실제로 대부분의 인신매매 업체들은 초국가적 네트워크를 가지고 있다.

역외은행의 돈세탁과 같은 불법 행위들은 월경이 필요한 복잡한 금융범죄이다. 세계적으로 지적 재산권과 특허권의 침해는 거의 처벌받지 않는 것처럼 보인다. 해적판 영화, 음악, 그리고 다른 형태의 지적 재산권 침해는 기술적으로 국가기관들에 의해 체포되고 기소되어야 하지만 국제적 국경들이 이런 가능성을 크게 감소시킨다. 예로, 중국의 시장들은 이제 유명한 회사의 로고가 있는 상품들로 채워지고 있지만, 상표권을 가지고 있는 회사의 허락 없이 판매되고 있기 때문에 이런 상품들의 판매는 범죄 행위다.

지적 재산권 침해의 다른 예는 개발도상국들에 광범위하게 퍼진 모방의약품에서 찾을 수 있다. 가난한 사람들을 위해 좀 더 접근 가능한 싼 약들을 제공할 수 있음에도 불구하고, 특허권을 가진 회사들은 미래의 연구 자금을 대기 위해 세계시장 점유율과 이익을 줄일 것이다. 결과적으로, 다양한 병에 대한 새로운 치료와 약들의 발전은 전반적으로 느려지거나 멈출 것이다. 이런 특허권 위반을 해결하기 위한 신뢰할 만한 재판소가 있음에도, 허가 없이 특허된 약을 복제하는 회사들에 대한 법적 기소는 가난한 나라의 의약품에 대한 접근을 제한한다는 이유로 윤리적 논란을 가중시킨다.

다행히도 대부분의 국경을 넘어 저질러지는 범죄들은 그렇게 모호하지 않다. 예를 들면 컴퓨터 해커들은 공공이나 개인의 컴퓨터 시스템의 대혼란을 일으키면서 사실상 한계가 없는 가상세계의 영역을 돌아다닌다. 이들 행위는 어린 장난꾸러기들의 단순한 비행처럼 보이기도 하지만 전 세계적으로 거대한 피해를 발생시키는 잠재력을 가지고 있다. 에너지, 교통, 또는 다른 핵심 시스템을 위협하는 거대한 사이버 공격을 멈추게 하자는 '인터넷 킬 스위치Internet kill switch'를 대통령에게 주는 법안이 미국에서 발의될 정도로 이 문제는 심각하다. 사이버 경계로서 '킬 스위치'는 중국이나 다른 반민주-비민주적 국가들에서 좀 더 공격적으로 온라인 콘텐츠를 규제하는 장치에 해당한다.

연관된 주제로, '온라인 저작권 침해 금지법안Stop OnLine Piracy Act, SOPA'이 미 의회에 2012년 1월에 제출되었다. 이 법안은 표현의 자유와 혁신을 보호하려는 구글, 위키피디아, 유튜브, 페이스북, 그리고 다른 이해관계자들에 대항하여 지적 재산권을 보호하려는 미국영화협회Motion Picture Association of America, MPAA, 미국 레코드협회Recording Industry Association of America, RIAA, 나이키Nike, 그리고 바이아콤Viacom 같은 집단과 회사들에 깊은 상처를 남긴 논쟁을 촉발시켰다. 미국의 정치인들은 이 문제와 관련해 자신들의 정당과 관계없이 투표하였는데, 왜냐하면 정부가 디지털 밀레니엄 저작권법Digital Millennium Copyright Act에 의해 인터넷 사이트들에게 제공하였던 법적 책임 보호를 간과하고 온라인 콘텐츠 검열을 할 수도 있다는 의심이 증가하였기 때문이다. 자신들의 주장을 알리기 위해, 위키피디아와 7,000개의 인터넷 사이트들은 24시간 동안 사이트를 폐쇄하였고 구글은 홈페이지의 로고를 지워 버렸다. 이 법안은 연기되었고 법안의 궁극적 운명은 불확실해졌으나 온라인 저작권 침해의 문제는 이제 보편적 관심사가 되었다.

주권 영토의 주변부에서 활동하는 범죄 집단 가운데 전혀 다른 종류의 해적이 있다. 이들 범죄자들은 세계의 몇몇 지역에서 국제 해운업에 직접적인 위협을 가한다. 소말리아 해안에서 오일 탱크와 화물선들의 나포는 근래에 흔한 것이 되어가고 있다. 이런 행위들은 해양 수송의 자유를 위협하고 있으며 공해상에서의 국가 주권의 부재를 드러내고 있다.

공해에서의 무역에 대한 위협을 넘어, 소말리아의 해적은 그들 자신의 국가 기능에 충격을 주고 있다. 근래 소말리아의 역사는 1980년대 군벌들, 1990년대 초 외국의 개입, 2000년대 급진적 이슬람 이데올로기에 의해 강화된 토착적 반란, 2006년 에티오피아의 침범, 그리고 끝으로 해상에서의 포스트모던한 해적의 등장 등으로 가난과 사회적 갈등이 확대되어 왔다. 소말리아는 주권 국가로 존재하고 있지만, 정부는 근본적으로 통치 불능의 상태이다. 소말리아를 '실패한 국가failed state'로 명명하는데, 영토는 실질적으로 다양한 반란 세력들, 부족 군벌들, 또는 해적 집단들에 의해 지배되고 있다. 실패한 국가의 정의는 정부가 그 주권을 집행할 수 없을 때 주권의 담지자로서 국경의 역할을 위한 실제적이며 도덕적인 의미들을 포함하고 있다. 가뭄, 뼈를 깎는 가난, 그리고 식량 부족이 겹치면서, 소말리아 국경은 보호하고 지켜주는 울타리로서의 국가의 권위를 표현하기보다는 국민을 가두는 감옥에 더 가깝다는 것이 안타까운 현실이다.

그림 8 _ 2009년 미군이 아덴만에서 소말리아 해적으로 보이는 집단에 다가가고 있다.

관광객, 관광, 그리고 경계

경계 가로지르기의 부정적 측면들이 뉴스의 헤드라인을 장식해도 국경 횡단의 대부분은 본질적으로 순기능적이다. 관광은 거대한 경제효과와 함께 국경 횡단의 가장 두드러진 활동 중의 하나이지만 모든 사회문화적 과정들처럼, 여기에도 동전의 양면처럼 순기능과 역기능이 동시에 있다. 관광은 재미, 휴식, 그리고 새로운 경험 추구 등이 동기가 된 여행이라고 할 수 있다. 관광은 분명히 관광지에 큰 혜택을 가져다준다. 그러나 부정적 효과들과 수반되는 윤리적 문제들 또한 너무 자주 간과되는 것이 현실이다.

관광은 공통적으로 원거리 여행, 집으로부터 멀리 떨어진 곳에서 시간 보내기, 그리고 언제나 한 곳 또는 많은 나라들의 국경을 횡단하는 것을 의미한다. 이 국경들은 도시, 나라, 지방, 또는 국제적일 수 있으나, 국경을 넘어간다는 것은 관광의 경험적 측면 그리고 일상적 삶과 자신의 영토를 떠나는 것을 의미한다. 많은 이들은 가시적으로 정치적이며 문화적인 국경들을 넘어간다는 생각에 흥분, 고양된다. 관광 관련 연구들은 국경 넘기가 인식된 여행의 거리감에 추가된다는 것을 보여준다. 즉 국경 출입 과정이 엄격하면 할수록 여행자에게 인식되는 여행 거리감도 더 커진다는 것이다. 민주적이며 발전된 국가 안에서 여행하는 것은 그다지 복잡할 것이 없다. 그러나 아직 발전되지 않았고 비민주적인 국가 안에서의 여행에 필요한 여행서류들은 국제여행만큼 많을 수도 있다.

국제적 경계를 횡단하는 여행자들은 그들의 국가와 여행국 양측에서의 면밀한 조사에 시달리게 된다. 이러한 자세한 검토는 상징적으로 개인의 신원과 국적을 증명하기 위한 서류들과 세계 속에서 조사대상자의 정당한 위치의 확장을 통해 표현된다. 여권, 비자 그리고 다른 신상 관련 서류들은 지난 9·11 테러 이후 점차적으로 더 중요해 졌다. 예전에는 여행자들은 기본적으로 단순한 소개 편지만을 들고 다녔지만, 국가의 비상사태, 객관적 지식을 아우르는 전문성이 점점 더 필요해지고 있다. 그리고 증가하는 관료적 중앙화는 국제적 움직임을 규율하는 새로운 규칙들을 이끌었다. 점차적으로 여권은 여권 소지자의 증언보다 더 신뢰할 수 있는 가장 믿을 만한 신분 증명으로서 인정을 받게 되었다. 현대의 여권들은 점차적으로 개인의 여행과 국적 정보, 위조방지기술, 그리고 생체 인식 추적 기능을 추가하게 되었다. 분명한 것은 합법적으로 국경을 넘기 위한 신원증명의 요구는 역사상 그 어느 때보다 오늘날 더 강력하다.

일단 이러한 행정적 요구들을 만족시키면, 여행자들은 종종 표지판, 담장, 벽들, 또는 다른 형태의 정치적인 경계 표시들 옆에서 자세를 취하기 위해 영토 구별의 표식들을 찾기도 한다. 몇몇 국경들은 실제로 여행 목적지 그 자체가 되기도 한다. 나이아가라 폭포미국/캐나다, 빅토리아 폭포잠비아/짐바브웨, 그리고 이구아나 폭포브라질/아르헨티나들은 빛나는 자연경관들과 국제적 경계들을 결합시킨 국경 관광지다. 베를린 장벽, 하드리아누스의 성벽, 중국의 만리장성과 같은 역사적 유적 국경들은 매년 수천 명의 방문객을 유인하고 있다. 심지어 여러 정치적 영토들이 이상하게 만나는 지점도 인기 있는 관광지가 되는데, 유타, 콜로라도, 뉴멕시코, 그리고 애리조나가 만나는 포코너스 기념물the Four Corners Monument, 핀란드, 스웨덴,

노르웨이가 만나는 트라이 포인트 기념물Tri-point Monument, 아르헨티나, 브라질, 파라과이의 트리플 프론티어Triple Frontier 같은 곳들이다.

경계 가로지르기의 과정을 통하여, 관광객들은 다양한 주권국들을 여행한다. 이것은 여행객들에게 어떤 자유나 구속을 얻게 하거나 잃게 할지도 모른다. 이런 것들의 몇몇은 기본적 개인의 자유이동, 표현, 종교, 성와 관련된 엄격한 차이들을 포함할지도 모르고, 또는 어떤 물건들과 서비스들알코올, 마약, 도박, 매춘의 접근에 관한 것일지도 모른다. 관광지들은 관광객들을 끌기 위해 종종 다양한 법 제도들을 내놓으며, 관광객들 또한 국경 지역들 안에서 자신들의 구매력을 높이기 위해 각각 다른 통화 구역들을 활용하기도 한다. 국경지역 경제는 점점 더 국경 횡단의 흐름에 의존할 수밖에 없기에 결국 관광객들에게 욕망과 기대감을 주기 위해 지역 문화의 진정성이 종종 도전을 받고 국가적 이상으로부터 일탈을 장려하는 조정을 요구받아 왔다. 많은 관찰자들에게 관광산업의 성장은 증대하는 초국가trans-state적인 미래를 시사한다.

제6장

경계를 넘는 제도와 시스템

아이디어와 정보
초국가주의와 지역주의
환경문제와 경계
보건과 경계
윤리와 경계

경계를 넘는 제도와 시스템은 다른 어떠한 시대보다도 오늘날이 훨씬 많은 인간의 생활 속에 침투하여 중심적인 위치를 점하게 되었다. 이러한 경계를 넘는 네트워크의 존재는 국가의 경계와 사회의 경계가 일치하거나 적어도 일치해야 한다는 공통 전제의 기초를 허물고 있다. 예를 들면 환경문제, 공중위생문제와 정보의 흐름은 경계가 가지는 권력의 일부분에만 영향을 받는다. 그러나 다른 한편에서 보면, 경계는 명백히 인간 존재의 환경적, 의학적, 지적 현실에 영향을 미치고 있다. 이러한 경계를 넘는 제도와 시스템은 오히려 아이러니하게도 정치적 경계가 가지는 구획하는 효과에 대해 본래적으로는 저항하면서도 깊이 영향을 받고 있다. 사실상, 경계 연구에 따라붙는 복잡함은 아마도 경계를 넘는 제도와 시스템의 영역에서 가장 명확히 드러날 것이다.

아이디어와 정보

새로운 커뮤니케이션과 운송기술로 인해 아이디어와 정보는 역사상 어떠한 시점보다도 오늘날이 보다 쉽게 국경을 넘나들고 있다. 실제로는 사이버 공간의 출현과 구미 미디어 방송의 글로벌한 전개는 영역적 경계가 정보와 아이디어의 이러한 흐름과 커뮤니케이션을 막을 수 없기 때문에 국가 주권이 도전을 받고 있다. 그러나 변용을 이루는 테크놀로지에도 불구하고 이러한 현실은 완전히 새로운 것은 아니다.

예를 들면, 영국의 방송사 월드 서비스World Service, 미국정부의 라디오 프리 유럽Radio Free Europe과 보이스 오브 아메리카Voice of America는 냉전기에 공산주의 각국의 국민에 대해 구미의 다양한 이념을 전달해 왔다. 이러한 초기의 사례에서조차도 아이디어와 정보의 국경을 넘는 교환은 현대세계에서 유례없는 속도, 양, 편리함으로 인해 생겨난 것은 명확하다. 이것은 정치, 사회적 경계 모두에서 깊고 또 모순된 의미를 가지고 있다.

예를 들면 현대의 통신위성은 무기를 탑재하지 않지만, 정보를 세계에 전달하고 영향을 미치는 전략적 자산의 형태를 띠고 있다. BBC, 뉴스 코퍼레이션, CNN, 도이체 벨레Deutsche Welle, 그리고 프랑스 24 같은 구미의 미디어 회사는 위성 텔레비전 방송시장에서 높은 점유율을 가지며, 문화적 규범이나 정치적 이념을 형성하는 주요한 위치에 있다. 특정한 이데올로기의 입장에서 '뉴스'를 전달하는 것은 민심을 형성하는 권력에 호소하는 것이다. 영화, 텔레비전, 음악과 연결된 글로벌한 미디어 네트워크는 대개가 구미의 회사에 의해 지배되고 있으며, 유례없이 국경을 넘어서까지 영향력을 행사하고 있다. 아랍어권 국가들에서의 알자지라Al Jazeera나 알아라비야Al Arabiya 같은 지역 미디어 조직은 독자적인 방송 네트워크를 이용하여 구미 지배에 맞서려고 해 왔다. 그러나 이러한 움직임조차 많은 나라가 위성 커뮤니케이션을 검열하거나 막기 때문에 경계의 구획에 영향을 받는 것이다.

인터넷이 아이디어와 정보의 새로운 교환을 가능케 하자, 인간 상호작용의 새로운 '사이버 공간' 또한 형성되고 있다. 사이버 공간의 표면적인 경계로 구획되지 않은 성질로 인해 인터넷에 접근할 수 있는 사람들 사이에서는 광범위하게 상호 연결되는 새로운 기회가 제공되고 있다. 인터넷 회사는 국가의 영역과 주권이라는 경계로 구획된 범위에서 정체성과 귀속을 분리하는 증거를 제시하고 있다. '공유된 이익'이라는 전제는 넓어져 가는 새로운 국제사회를 낳았다. 이러한 온라인 사회들 중에는 특정한 이데올로기 목표를 가지는 글로벌한 인도적, 환경적, 혹은 종교적인 운동이 포함되어 있는데, 예로는 국제 적십자 위원회International Committee of the Red Cross,

그린피스, 혹은 모습을 확실히 드러내지 않는 이슬람 과격파집단을 들 수 있다. 온라인 만남 서비스, 게임집단, 혹은 소셜 네트워크 웹사이트처럼, 단순히 사교적인 만남, 오락, 레저를 목적으로 한 것도 있다. 대개 이러한 새로운 연결은 건설적이고 건전한 국경을 넘는 대화를 촉진한다. 불행하게도 모든 정체성과 마찬가지로 이러한 사이버 사회에서조차도 배제, 편견, 인권침해의 가능성이 있는 특권적이고 계층적인 구조를 발전시킬 수 있다. 사이버 공간이 가지는 일반적으로 개방적인 성질은 국제 앰네스티Amnesty International나 국경 없는 기자회Reporters Without Borders의 인도 목적을 도울 뿐만 아니라, 알카에다나 컴퓨터 해커가 가지는 유해성 높은 국경을 넘는 대의에도 도움을 주고 있다.

그림 9 _ 몽골 유목민도 통신위성을 통해 세계와 접속하며 정보를 획득할 수 있는 상태가 되었다.

공간과 전통적인 경계로서의 국경을 넘는 집단의 능력은 전 세계의 정부에 대해 도전장을 내민다. 인터넷을 세계를 평평하게 하고 국경을 제거할 때 주요한 요인으로 간주하는 사람도 있다. 그러나 외견상의 개방성에도 불구하고 전 세계에는 인터넷의 검열에 관해 국가에 의한 명백한 배치가 있다. 거의 20억 명으로 일컬어지는 인터넷 유저가 정보를 온라인에서 다운로드하고 포스팅할 때 국가는 그 콘텐츠나 활동을 감시하고 통제하기 위해 상당한 자원을 투입하고 있는 점에서 유저는 정부에 의한 제한에 직면하고 있다. 정부는 사이버상의 자유에 대한 제한 중에서도 특히 웹사이트를 차단하고 대화방을 감시하면서 사이버 카페 유저를 곤란에 빠뜨리고 있다. 민주국가는 인터넷 제한의 적법성에 대해 논의하고 있지만, 그것은 언론의 자유와 아동 포르노 같은 비난받아 마땅한 내용을 퍼뜨리지 않도록 하는 것 사이에서의 적절한 균형에 관해 쉽지 않은 윤리적 문제를 제기한다. 다른 견해를 차단하는 엄격한 검열 프로그램을 실행해 왔다. 인터넷 트레픽이 가지는 대규모의 탈집권적인 성질을 고려하면, 그러한 프로그램의 효율성은 불투명하지만, 몇몇 정부는 명백히 온라인상의 아이디어와 정보의 흐름을 규제하려고 하고 있다.

이른바 '만리방화벽Great Firewall of China'은 최적의 예이다. 2003년초에 중국의 공산주의 지배 정권은 일정한 인터넷 사이트, 프로그램, 콘텐츠에 대한 접근을 차단하는 '금순공정金盾工程; Golden Shield Project'을 개시했다. 이 프로젝트는 공산주의 당국에 의해 정치적 파괴분자로 찍힌 웹사이트를 검열하기도 한다. 이 가운데는 중국에서의 민주적 개혁, 티베트 독립, 혹은 인권상황의 개선을 지지하는 웹사이트들이 포함되었다. 중국은 인권 침해를 기록하고 반정부적인 항의운동을 하는 조직이 이용하지 못하도록, 유튜브, 트위터 등의 소셜 네트워킹 사이트에 대한 접속도 차단하고 있다.

중국의 검열은 일반적으로 성공해 왔다고 할 수 있지만, 이것이 모든 정부에 해당하는 것은 아니다. 2011년 1월에 튀니지의 독재자 제인 엘아비디네 벤 알리Zine el-Abidine Ben Ali, 1936~2019의 23년에 걸친 통치가 갑자기 종언을 맞았다. 그러나 이 독재자를 권력에서 쫓아낸 반란은 이데올로기적인 동기에 의한 반정부집단이 아니라, 소셜 네트워킹 웹사이트인 페이스북을 통해 퍼져나간 정부에 대한 일반적인 반대의견이나 분노에 의해 촉발된 것이다. 무함마드 부아지지Mohamed Bouazizi, 1984~2011라는 젊은 튀니지인은 농산물을 실은 카트를 어떤 경찰관에게 몰수당하자, 지방 지사청사 앞에서 분신자살을 시도하며 항의했다. 이에 촉발된 항의 사진과 비디오가 휴대전화에서 페이스북으로 업로드되면서 주민들을 광범위하고 지속적인 활동으로 이끄는 데 성공했던 것이다. 이에 대응하여 정부 당국은 온라인상의 패스워드를 훔쳐 정보에 로그인하는 프로그램을 실행하여 그러한 운동에 관여한 인물을 특정할 수 있을 뿐만 아니라, 소셜 네트워킹 사이트의 이용을 차단할 수 있게 되었다. 그러나 항의자들은 굴복하지 않고, 그 반란을 조직하는 새로운 계정을 만들어냈다. 최종적으로는 정부는 여론의 압력에 굴복하여 벤 알리는 국외로 도피했다. 군사전략가, 정부 지도자 및 반대파 정치가는 정보와 선전의 중요성을 오랫동안 인식해 왔지만, 이것은 아마도 처음으로 성공한 '사이버 혁명'이라고 할 수 있을지 모른다.

사이버 공간의 권력은 2011년에 일어난 '아랍의 봄'의 반란에서 페이스북이나 다른 인터넷 사이트의 역할을 통해 명확해졌는데, 경계는 계속적으로 다양한 사회적 아이디어나 규범을 형성하고 반영하고 있다. 어떠한 형태든 경계를 고려하면, 남녀의 일상의 사회적 실천을 분리하는 경계선이 인식되어야 한다. 이들 중에서도 가장 명확한 예는 성별 구별을 의도한 젠더의 공간으로, 거기에서는 종교적인 관습에 유래한 다양한 젠더의 역할을 반영하는 경우가 종종 있다. 이들은 여성과 남성이 어디에서 어떻게 기도를 올릴지를 구별하는 것과 마찬가지로 다양한 공간을 만드는 것에 별다른 의미를 부여하지 않는다. 다른 상황에서는 젠더로 구별된 공간은 큰 논쟁거리가 되기도 하였다. 예를 들면 베일 등의 다른 가리개를 몸에 걸치는 여성의 습관은 이슬람교도 마이너리티가 있는 많은 구미 각국에서 중대한 논쟁을 불러일으켰다. 베일은 단순히 겸허, 충성과 혼인이라는 이념을 반영하는 나라도 있고, 베일을 여성의 권리를 제한하고 차별을 조장하는 사회적 경계의 일종으로 간주하는 나라도 있었다. 2011년에 프랑스는 베일이나 얼굴을 가리는 것들을 공공장소에서 쓰는 것을 금했다. 다른 유럽 정부도 동일한 금지책을 강구했다. 이러한 국내의 논쟁은 베일 금지 지지파와 반대파 양쪽이 글로벌한 여론에 영향을 미치도록, 새로운 정보기술을 이용하여 그 명목적인 관할구역을 훌쩍 뛰어넘어 퍼져갔다.

그 외의 최근의 경향은 서양의 페미니즘이라는 특정 형태를 도상국에 수출하는 시도와 관련되어 있다. 이에 찬동하는 사람들은 이러한 시도를 인권이라는 보편적 개념을 여성에게 확장 적용하는 것, 혹은 국경을 넘는 신개입주의적인 이념의 수용이라 표현할지도 모르지만, 반대하는 사람들은 페미니즘이 비서양문화에서는 다른 의미를 띠고 있다는 점, 혹은 단순히 서양의 문화제국주의의 최신 사례로서 해석된다고 지적할지도 모른다. 예를 들면, 국제적인 마이크로 파이낸스Microfinance 영역은 급속히 발전도상국들의 사회변화 속에서 가장 퍼져 있는 발신원의 하나가 되고 있다. 그라민 은행Grameen Bank, FINCA 인터내셔널, 월드 비전, 혹은 여성의 세계은행과 같은 비정부조직NGO은 특히 다양한 사회문화적 문맥을 넘어 여성의 지위 향상을 지향하는 여성 기업가에 타깃을 맞추고 있다. 기축이 되는 원칙은 단지 젠더 사이의 권력 재분배가 아니라, 국경과 국가 주권의 필터적인 능력을 초월한 특정 아젠다의 전진이다. 그러한 전진은 본래 사회적 경계를 넘는 것이며, 포괄적인 사회적 조정을 필요로 한다.

1990년대 아프가니스탄을 봉쇄한 탈레반의 시도는 외국으로부터의 문화적 영향력이 미치지 않도록, 국경을 도구로 이용한 명백한 사례이다. 탈레반이 지배한 아프가니스탄 내부에서는 이전에는 합법적이었던 다양한 활동이 현지 부족적 전통과 결부된 이슬람법의 왜곡된 해석 아래 금지되었다. 금지된 것은 모든 돼지고기 제품, 사람의 털이 포함된 제품, 파라볼라안테나, 영화촬영기술, 악기류와 오디오기기, 당구대, 체스, 마스크, 알코올, 카세트테이프, 컴퓨터, 비디오 덱, 텔레비전, 성적인 자극을 촉발하는 것, 와인, 바닷가재, 댄스, 연, 매니큐어, 폭죽, 재봉 목록이다. 여성의 고용, 교육, 보건, 스포츠는 현저히 제한되었다. 일부이기는 하지만, 남성은 일정한 길이의 턱수염을 기르고, 머리카락을 짧게 하고 머리에 쓰개를 착용하지 않으면 안 되었다. 이러한 극단적인 문화적 개혁을 추진할 때 국경이 한 역할을 인식한 사람은 거의 없었다. 동유럽을 나누는 '철의 장막'의 울타리를 낮춘 스탈린의 시도처럼, 탈레반은 아프가니스탄 전토에 '흙벽돌 벽'을 건설하려고 했고, 그 내부에서는 문화적 순혈주의가 독자적으로 추구되었다. 그 결과로 생긴 것이 글로벌 규모의 아젠다를 실현하려는 알카에다 같은 과격파집단의 성역뿐만 아니라, 여성과 남성 양쪽에서의 억압 영역이었다.

서양의 페미니즘, 마이크로 파이낸스 등의 많은 경향은 사회적 경계의 타파를 지향했지만, 경계는 여전히 다양한 형태의 차이, 혹은 차별도 전파시키려는 사람들에게 공통의 도구로 사용되고 있다. 이러한 경계 구획의 과정은 선거구, 국세조사 지역, 학구를 포함한, 국가보다 하위 레벨에 있는 다양한 경계의 형성에 영향을 미치고 있다. 그러한 국가 주권의 하위구분은 국가에 따라 다양하지만, 각각이 어느 정도의 권력을 개개의 정부가 배분한다. 지방, 도시, 주, 혹은 연방이라는 각각의 실체의 경계는 책임이 미치는 공간이나 관할구역 레벨을 획정한다. 이러한 장소에 관한 계층 내부에서의 연결은 인간의 관여, 능력 그리고 전략의 네트워크를 형성한다. 그것들은 근대사회를 형성하고 현대 민주주의 실천의 기본적인 구성 요소가 되고 있다고 주장하는 사람들도 있다. 의미 있는 규모의 민주주의도 확실한 영역적 실체가 없는 가운데 형성되어 기능할 수 있을지의 여부는 실제로는 명확하지 않다.

입법부의 선거구 창출은 국민대표의 영역적 기초를 여실히 드러내고 있다. 대부분의 민주주의 시스템은 인구통계에 기초한 대표제뿐만 아니라, 평등한 영역적 대표제 확보를 지향하는 국가보다 하위 레벨에 있는 경계에 특징이 있다. 이러한 절차는 게리맨더링 같은 선거에 영향을 미칠 목적으로 행하는 의도적인 조작에는 상당히 취약하지만, 여전히 부정한 선거에 대처하는 실천적인 수단이다. 실제로는 선거 조작이 일어날 가능성은 시민권이라는 증거나 지방자치단체 거주 같은 영역에 기초를 두는 통제가 없으면 증가할 것이다. 그러나 이것은 높은 레벨의 부패 위험, 혹은 민족적, 인종적, 경제적 집단의 합법성을 가장한 민주적 정통성을 왜곡하는 역사적으로 제도화된 불평등을 시정하는 데까지 이어지지 않는다. 그럼에도 불구하고 민주적인 과정은 국민 참여와 대표제에 일정한 범위를 설정하는 것을 추구하고 있다. 다시 말하면, 국가, 주, 선거구의 경계는 피선출자의 관할구역을 정할 뿐만 아니라, 선거인에게 투표하기 위한 실천적이고 관리하기 편리한 경계를 설정하는 데 도움이 된다.

거버넌스의 실천으로서의 민주주의가 영역 주권과 필연적으로 결부되어 있는 것은 명백하다. 종교군주적인 주권에서 국민영역적인 주권으로의 이행은 현실 혹은 상상의 국민 통일성이나 그것을 표상하는 국가의 현실 혹은 상상의 제재 조치로 촉진되었던 것이다. 미국혁명과 프랑스혁명 이후에 영역적인 민주주의와 국민주권은 병행해서 성장했다. 내셔널리즘은 이 이념들 사이의 연결을 투쟁과 사회조직이 구축된 역사를 통해 강화했으며, 특정 영역의 범위 안에서의 국민의 통일성을 상징적으로 구획했던 것이다. 과거 2세기 동안 이러한 틀의 급속한 확산은 현대의 국민국가 간 경계를 획정할 뿐만 아니라, 민주주의와 영역의 관계를 강고히 했다. 이러한 연결이 조직화된 결과, 영역 주권의 개념을 비판하는 것은 '국민the people'의 지배에 이의를 제기하는 것으로 일반적으로 해석되었다. 표준적인 정치 지도는 세계를 구별된 영역적 단위의 집합체로서 그림으로써 이러한 구도를 정착시켰다. 그러나 이것이 국경을 넘은 관계의 복잡성과 현대의 국제정세에 침투하는 일상적으로 행해지는 통합으로의 실천을 애매하게 만든다.

초국가주의와 지역주의

국민국가 시스템의 영역적인 전제는 초국가적 조직의 발전으로 도전을 받아 왔다고 할 수도 있다. '초국가주의'는 주권의 일부를 보다 큰 유사 연방적인 실체에 위임하는 국가들의 프로세스라고 일컬어지고 있다. UN이나 세계무역기구WTO처럼 이러한 초국가적 조직들은 외교나 무역에서 확실한 역할을 맡고 있다. 대규모의 사업에 한정된 것이지만, 초국가적 조직 안에는 주권국가의 기능을 서서히 띠고 있는 것도 있는 것 같다. 몇몇 경우에 초국가적 조직의 출현은 글로벌한 시민권이나 보편적인 권리가 현재 세계의 영역적 귀속이나 국가주권을 대신하는 세계시민적 민주주의의 한 형태로 향하고 있다. 이러한 이념의 지지자는 글로벌한 민주주의의 차원으로까지 고양시킬 것을 상상하고 있다. 그러나 이 목표 달성을 위해 실현 가능한 전략을 제시하는 것은 어느 누구도 불가능했다. 역사는 국가 간 동맹의 수많은 사례를 드러내고 있지만, 양차 대전의 화약고에서 초국가조직의 기수로 유럽이 진화한 것은 국경의 변용하는 역할의 이해에 중대한 의의를 가진다.

지정학적 긴장을 회피하고 경제적 협력관계를 강화하여 공해나 범죄 같은 국경을 초월한 다양한 문제에 대처하고자 하는 희망에 뿌리를 두는 유럽경제공동체는 시간을 들여 유럽연합으로 진화했다. 이러한 유럽정치 이념의 재창조는 확대되는 구성국의 수와는 무관한 영역주권을 전제로 하려고 하고 있다. 브뤼셀에 본부를 두는 초국가 정부는 가맹국 간의 일련의 조약을 조정해 왔고, 상품, 서비스, 자본과 인간의 이동의 자유를 촉진하고 있다. 유로라는 공통화폐의 도입, 유럽연합 내부의 무비자 도항, 역외 도항을 위한 표준화된 여권과 출신국 밖에서 휴가를 즐기고 면학이나 취업이 가능해지는 것은 국경에 의해 구분된 국민국가가 소실되어 가거나 대규모 연방구조를 가지는 가운데 국가보다 하위 레벨에 있는 단위처럼 점차 기능하게 되는 것을 시사하고 있는 듯하다.

아이러니하게도 유럽연합 내부에서 국경의 투과성이 증가하는 것은 EU와 비EU 사이의 국경 강화를 동반했다. 오늘날 비EU 국가와 국경을 접하는 EU국가는 그 외연을 이루는 국경의 효율적인 경비를 요구받고 있다. 유럽연합 내부의 이동의 자유가 범죄나 불법 이민을 단속하기 위한 외연적인 국경에서의 집행 강화를 필요로 하기 때문에 '요새화 된 유럽'이라는 생각은 많은 사람들의 마음을 사로잡아 왔다. 2010년에 시작되어 지속되고 있는 유럽의 채무문제와 통화 위기는 지역통합을 향한 대중의 지지를 잃게 만들었다. 종합적으로 보면, 이러한 경향은 민족주의적인 감정을 부활시킬 잠재적인 촉매로 기능하여 이윽고 유럽대륙 속의 영역성을 부흥시키게 되었던 것이다.

그러나 재정 위기, 이민, 그리고 범죄만이 유럽에서의 새로운 경계 짓기의 경향을 촉진하는 요인이 아니라는 것에 주목해야 한다. 유럽연합은 보완성의 원리를 제창해 왔는데, 그것은 책임은 가능하면 가장 하위 레벨의 정부에서 져야 한다는 것이다. 이것은 이탈리아, 스페인, 프랑스, 벨기에 같은 국가가 1970년대 이후 거버넌스에 관한 연방 시스템을 채용하는 방향으로 서서히 나아가게 되었기 때문에 정치적인 탈집권화 프로세스를 가속화시키는 것으로 이어졌다. 지방의 집단이 국경을 초월한 연결이나 자율성의 증대에 따른 이익이 명목적으로 귀속하는 국가의 다른 지역과의 교류 이익을 상회한다는 것을 알았을 경우에는 신지역주의라는 원리도 명확해진다. 지방의 리더는 현지의 목소리를 들으면서 지역의 정체성을 유지하는 것이 가능한 신지역주의, 즉 대내적인 거버넌스와 대외적인 협력 사이의 복잡한 거버넌스를 취하려고 시도하고 있다.

실제로는 가맹국 사이의 많은 장벽을 제거한 유럽연합의 성공은 아이러니하게도 독립운동을 증대시키고 있을지도 모른다. 소규모 지역이 독립을 쟁취할 가능성이 더욱더 커지는 것처럼 보이는 한편, 아직 유럽연합에 가맹함으로써 얻어지는 경제적 안전보장적 이점을 유지하고 있다. 남부 이탈리아 문화로부터의 명확한 분리를 추구한 북부 이탈리아에서의 파다니아 독립운동은 매우 적절한 사례이다. 스코틀랜드 지방, 플란데런, 카탈루냐주, 코르시카섬 같은 곳에서는 오래된 지역적 틀의 재출현이 각각의 국가 영토 보전에 의문을 제기하는 강한 민족적인 정체성과 연결되어 있다.

EU는 명확히 알 수 있는 형태로 발전해 온 초국가적 조직의 하나지만, 많은 다른 초국가적 조직도 존재하며 국경을 초월한 관계의 중요한 장을 제공하고 있다. 이러한 제도의 대부분은 아시아태평양 경제협력체Asia-Pacific Economic Cooperation나 유라시아경제공동체

Eurasian Economic Community처럼 경제문제나 무역에 초점을 맞추고 있다. 다른 한편으로 집단 안보 조약 기구Collective Security Treaty Organization나 북대서양 조약 기구처럼 안전보장문제나 군사협력에 축을 두고 있는 것도 있다. 나아가 아프리카 연합Africa Union이나 남미 국가 연합Union of South American Nations처럼 유럽연합을 모델로 한 심화된 폭넓은 협력을 지향하는 것도 있다. 이러한 조직은 일반적으로는 경제협력에 관한 영역, 특히 무역의 자유화에서 가장 효과적이었다. 다만, 지속적인 협력이나 보다 광범위한 통합이 다른 문제영역에서 출현할지 여부는 확실치 않다.

일반적인 미디어의 관심은 경제에 초점을 맞추고 있음에도 불구하고 전 세계의 초국가주의에 대한 대중의 지지의 대부분은 사회복지문제, 인권과 환경문제에서 추구된다. 유럽 통합의 초기 단계는 산성비, 하천 오염, 산업폐기물과 고분분투하는 과정에서 이루어졌다. 오늘날은 국가보다 하위 레벨의 실행자와 비국가적 실행자가 환경보호의 최전선에 서게 되어 공해, 자연재해, 역병과 도덕적인 문제들은 정치적 경계가 가지는 장벽이나 필터로서의 기능을 고려하지 않는다는 사실을 명확히 하고 있다.

환경문제와 경계

경계는 인간의 구축물이지만, 특정한 종류와 현상의 공간적인 집중은 자연 속에서도 확실히 관찰된다. 그러나 그것들을 나누는 선이 명확히 그어지고 절대적인 것은 거의 없다. 동물 중에는 냄새로 영역을 구별하고 실제로 세력권을 지키는 동물도 있지만, 인간만이 소유권, 접근, 귀속의 영역을 구별하는 항구적인 선을 무리하게 그으려는 시도를 한다. 다른 한편으로 자연은 정치적 경계에 우선 관심을 가지는 일도 없기에 경계를 초월하는 것 중에서는 가장 투과성이 높은 것으로 기능하고 있다. 자연 현상에 본래 갖추어진 국가를 넘는 특징이란 현대의 글로벌한 시스템에서의 영역성과 주권의 다양성을 명확히 하는 부가적인 영역을 구성한다.

자연이 정치적 경계에 관심이 없다면, 정부는 인간의 침입으로부터 자연을 유지, 보호하기 위해 경계를 더욱더 이용하게 되었다. 국립공원은 일정한 인간 활동을 배제하는 경계를 만들어서 자연이 유지되고 있으며, 자연환경을 보호하는 시도가 체현되고 있다. 미국 서부에 1872년에 설립된 옐로스톤 국립공원Yellowstone National Park은 근대 국립공원의 시초로서 일반적으로 인식되고 있다. 그 이외의 많은 주는 그 이후 독자적인 공원 프로그램을 만들어나갔다. 이러한 시도는 외견상으로는 긍정적으로 여겨지지만, 국가의 영토를 국유화하고 정치화하는 편협한 경향과 함께 진전되는 경우도 종종 있었다. 그러나 가장 엄격하게 다루어지는 국경조차도 동물의 계절 이동, 혹은 바람이나 물을 통해 퍼지는 씨앗이나 곤충들이 정기적으로 넘고 있다. 결과적으로 국가는 환경에 대한 책임 때문에 협조적인 시도를 하는 이점을 점점 인식하게 되었다. 남아프리카공화국과 보츠와나의 국경에 있는 칼라가디 초국경 공원Kgalagadi Transfrontier Park과 코스타리카와 파나마 사이에 위치한 라 아미스타드 국제공원La Amistad International Park의 형성은 이러한 새로운 경향을 나타내는 두 가지 사례이다.

불행하게도 국경은 자연보호 노력을 방해하는 경우도 있다. 왜냐하면, 느슨한 환경규제를 하는 국가 혹은 규제가 전혀 존재하지 않는 국가가 아직 독립된 주권으로 승인되어, 외부의 간섭에서 벗어나 영역을 관리할 권한을 부여받았기 때문이다. 이에 대응하여 세계 야생생물 기금World Wildlife Fund이나 다른 환경 NGO처럼, 몇몇 국제조직은 공원이나 절멸 위기종을 위한 보호구 설치를 지지하여 개입을 시도해 왔다. 이러한 NGO는 국경을 넘는 독자적인 신념을 밀어붙여 현지의 전통이나 지방 정부의 이익과 충돌할 수도 있다. 간섭주의라는 새로운 지정학적 현실은 인권이나 안전보호의 영역에서와 마찬가지로 환경의 영역에서도 받아들여지고 있는 것처럼 보인다. 물고기나 야생생물의 포획, 생물학적 보호구역, 수

질오염, 이산화탄소 방출, 유해 폐기물 처리와 핵실험을 관리하는 국제 표준을 제도화하려는 움직임이 현재 존재한다. 이것들은 숭고한 목적처럼 보이지만, 각각은 복잡한 국경을 초월하는 다양한 문제를 제기하고 있다.

예를 들면 특정 종의 반입에 관해 개괄하는 무역협정은 환경 문제에 관련된 국경 통제의 명시적인 행위이다. 1996년에 유럽의 광우병 사태 당시의 공포는 현지 육류 시장을 지키기 위해 명백하게 이용된 측면이 있다. 이것은 어업이나 수렵의 규제, 절멸 위기나 위협에 직면한 종들과 삼림벌채의 한도와 재식림의 요건을 확립하는 국가의 노력에서도 명백히 나타난다. 이러한 정책은 정당한 목적을 가지고 있지만, 특정 이익집단에 유리하도록 조작될 수도 있다. 그 때문에 그것들은 본래적으로 국경과 연결된 정치적 행위인 것이다.

국경과 환경보전을 보다 폭넓은 시야에서 바라보면, 자연이 독자적인 공간적 논리를 가지고 있다는 것은 명백하다. 증대하는 인간의 이동이나 공간을 넘어 종을 전파하는 우리들의 능력 그 자체가 환경 변화에 대해 상당한 문제를 포함한 주요 동인이 되고 있다. 이러한 사실을 인식하는 것 자체가 관련 문제영역을 국내 정치와 국제 정치의 최전선으로 가져왔다. 토끼와 수수두꺼비를 호주로 반입한 나쁜 사례로 인해 지역의 생태계가 파괴되었고 같은 문제가 칡, 호장근, 얼룩말 조개, 아시아산 잉어와 같은 미국에서의 침입 외래종에서 발생했다. 이러한 침입외래종은 종을 운반할 때의 폭넓은 봉쇄정책이나 제한책을 낳았다. 불행하게도 이러한 노력은 대부분 성공하지 못했다. 보다 바람직한 의미에서는 1970년대부터 미국과 중국 양국의 동물원에 있는 판다의 번식은 높은 차원에서의 외교 관계의 거점으로 기능했다. 이러한 종류의 환경보전에 대한 노력은 특히 국경을 가로지른 자연자원을 관리하는 것에 관해 국경을 초월한 협력을 촉진하는 중요한 도구가 될 수 있다.

국경은 천연자원, 특히 국경을 가로지르는 수자원 관리를 복잡하게 만드는 경우도 있다. 예를 들면, 콜로라도강은 미국에 원류를 가지며 멕시코까지 흘러 내려가는데, 그 물의 대부분이 멕시코에 닿기 전에 모두 이용되고 만다. 중앙아시아의 주요한 하천 시스템은 몇몇 국경에 걸쳐 있는데, 이 국가들 각각은 물 이용의 우선순위를 주장하고 있다. 상류에 있는 키르기스스탄이나 타지키스탄과 같은 국가는 동절기에 열이나 전기를 만드는 수력댐을 통해 저장한 물을 방출하려고 한다. 우즈베키스탄이나 투르크메니스탄 같은 하류에 있는 국가는 하절기에 관개용을 위해 물을 방출하려고 한다. 동일한 긴장 관계는 요르단강의 이용을 둘러싸고 이스라엘, 시리아, 요르단, 서안 지구West Bank 사이에서 이어지고 있다. 이러한 사례는 윤리, 천연자원의 이용권과 영역 주권에 관한 다양한 문제를 제기하고 있다.

보건과 경계

경계는 국가주권과 국가보다 하위 레벨에 있는 관할구역의 범위를 정함으로써 생활수준이나 생활의 질을 현저한 차이로 나누는 공간의 윤곽을 나타낸다. 실제로는 고용, 거주, 이동, 보건, 교육, 자기표현, 성적 지향에 관한 권리, 가족의 크기조차도 나라에 따라 현저히 다르다. 총, 완구, 전자제품, 음식, 약품, 담배, 술과 같은 것을 규제하며 시민을 보호하는 섬세한 시스템을 구축한 국가도 있는 반면, 이 점에 관해 전혀, 혹은 거의 아무것도 하지 않는 국가도 존재한다.

보건이란 생활의 질과 관련해 가장 변용되고 있는 영역 중의 하나로, 국경은 이러한 차이를 형성할 때 실질적인 역할을 한다. 보건에 관해 상상할 수 있는 거의 모든 요소는 나라에 따라 상당히 다르지만, 그중에서 출생률이나 사망률, 평균수명, 보건 전문의가 포함되어 있다. 예를 들면, 평균수명은 많은 선진국에서는 약 80세이지만, 몇몇 최빈국에서는 약 45세에 지나지 않는다. 평균

수명의 차이를 넘어 사망의 실제 원인은 국가에 따라 상당히 다르다. 선진국의 사망원인은 대개의 경우, 흡연이나 운동 부족과 같은 생활습관과 심장병이나 암 같은 노화와 관련된 문제에 기인한다. 그와 대조적으로 도상국 주민의 사망 주요 원인은 호흡기감염증이나 흔히 영양실조로 악화되는 이질 같은 비교적 기본적인 의료문제를 포함하는 경우가 흔하다. 간단히 말하면 국경은 대단히 다른 의료문제나 그 결과로서 나뉜 공간과 주민을 낳고 있다.

환경 부정의environmental injustice라는 개념은 대기, 수질오염에 기인하는 건강에 부정적인 영향이나, 다양한 여러 환경문제의 지역적 불균등을 노출하는 것을 의미한다. 지역적 차원에서조차도 환경문제나 그와 관련된 건강상의 위험에 노출되는 것은 저소득층, 마이너리티, 혹은 선주민족이 사는 지역에 집중되어 있다. 예를 들면 쓰레기폐기장은 일반적으로 저소득층의 주거 근처에 위치한다. 글로벌한 차원에서는 물고기의 남획이나 목재의 벌채에 따른 유해한 영향은 빈곤한 도상국에서 가장 심각하다.

그렇기는 하지만, 많은 보건상의 문제들은 국경을 넘고 있기도 하다. 질병은 명백히 국경을 초월한 쟁점의 하나다. '에피데믹epidemic'이라는 개념은 사회나 국가보다 하위 레벨에 있는 경계를 초월한 질병의 만연과 관련이 있는 한편, '팬데믹pandemic'이라는 용어는 특정한 질병이 글로벌하게 퍼지는 것을 의미한다. 글로벌화와 전 세계로 퍼지는 다양한 사람들의 이동성의 증대가 질병 만연의 새로운 벡터가 되어 버린 것이다. 예를 들면, 콜레라는 남아시아에서 처음으로 발생했지만, 몇 세기에 걸쳐 전 세계 사람들을 항상 곤경에 빠뜨려온 글로벌한 보건상의 위협이 되었다. 콜레라는 최근에는 2010년에 아이티에서 일어난 지진 이후에 또 다시 발생했다.

HIV/AIDS도 전 세계에 만연해 있다. 그것은 국경이나 사회적 경계의 영향을 받지 않지만, 빈곤 지역으로 퍼지고 있는 것은 명백하다. 이 질병이 아프리카의 여러 곳에서 맹위를 떨치고 있지만, 감염의 속도를 늦추려는 프로그램이 난립하는 미신들, 오래 뿌리내린 사회규범, 보건체제의 전반적으로 낮은 수준으로 인해 저해되고 있다. 이러한 질병이 가장 만연한 국경은 국가 내부로의 침입을 허락하지 않는 통제력, 혹은 그것을 외부로 쫓아내는 능력의 한계를 노정하고 있다.

역설적인 표현이지만, 영역 주권은 전 세계의 많은 질병이나 다른 보건 문제에 대한 효과적인 대처를 방해하고 있다. 희소한 재원을 국민을 위한 보건보다도 군사 목적으로 배분하는 몇몇 정부의 선택은 알기 쉬운 예이다. 보다 복잡한 예는 특정한 의약품, 임신중절, 혹은 조력자살에 관한 적법성의 문제다. 이 각각은 국가의 법에 의해 결정되는데 국경이 여전히 전 세계에 퍼져 있는 불평등한 보건의 실천이나 귀결을 낳는 본질적인 힘으로 남아있는 것은 이러한 이유에서다. 국경 없는 의사회Doctors Without Borders나 세계보건기구WHO 같은 많은 조직은 국경이나 영역 주권의 이념으로 제도화된 인간의 건강이나 생활의 질에서 발생하는 격차를 시정한다는 명확한 목적을 가진 초국경적 조직이다.

그러나 그러한 격차는 국제적인 영역에만 국한된 것은 아니다. 국내의 주민 사이에서 생활의 질과 관련된 문제들을 결정할 때는 국가보다 하위 레벨에 있는 경계나 사회적 경계도 마찬가지의 영향력을 가지고 있다. 사회경제적 지위에 기초한 거주의 구분은 많은 나라에서 공통적으로 관찰되며 이것은 공간적 패턴으로 이어지는데 즉, 이웃 주민, 혹은 커뮤니티 사이의 사회경제적 격차가 개개인의 전반적인 건강이나 생활의 질적 차이를 반영하게 된다. 국제, 국내적인 레벨에서의 정치 및 사회적 경계가 생활의 질에 관한 광범위한 차이를 낳는다고 해도 과언이 아니다.

윤리와 경계

경계가 생활의 질과 관련된 커다란 격차를 명시한다면, 많은 윤리적인 문제들이 제기된다. 실제로 경계의 창출과 유지의 과정은 도덕적인 전제와 판단과는 불가분의 관계이다. 고대 이후의 사회는 행위에 관한 일반적인 규범이 있어 왔지만, 실제 규칙으로 정해지거나 금지되는 실천적 내용은 상당히 달랐다. 전통적으로 이러한 도덕상의 문제는 특정한 종교신앙 시스템에서 추구할 수 있었다. 굴활론자, 동양신학, 서양신학은 영역과 경계에 관한 독특한 관습을 발달시켜 왔지만, 종교공동체 내부에서의 소유권에 관한 절차에서부터 다른 종교집단에 의해 다스려진 토지와의 관계에까지 미친다. 식민주의는 '적절한' 국가 행위라는 유럽적인 개념이 글로벌한 규범이나 조약으로 확장되는 토대를 제공했는데 제네바 조약 같은 19세기의 첫 시도는 포로와 민간인의 취급 같은 전시 중 국가책임이나 수용 가능한 행위에 초점을 맞추는 경향이 있었다. 이러한 조약은 제2차 세계대전의 '총력전'의 전개가 대량의 민간인 희생, 배척, 제노사이드를 낳았기 때문에 대개 효과적이지 않았다.

이러한 비극은 국제법이나 인권에 관한 광범위한 조약을 발전, 적용시키는 새로운 유발요인이 되었다. 국가의 영역주권성을 주장할 뿐만 아니라, 1945년 유엔 헌장은 "모든 사람의 인권 및 기본적 자유에 대한 존중을 촉진하고 장려할 것"을 그 기본 목적의 하나로 들었다. 1948년에 유엔은 '인권'과 '기본적 자유'의 의미를 명확히 하기 위해 세계인권선언을 채택했다. 세계인권선언은 인권의 구체적인 항목을 제시했는데, 그것은 구속력이 있는 조약은 아니었고, 감시와 실효의 메커니즘이 결여되어 있었다. 그 대신 인권의 준수는 국가의 재량에 맡겨졌으며, 각국은 세계인권선언을 통해 표명된 고매한 이념에 반하는 지정학적, 혹은 문화적 아젠다를 우선하는 일도 흔했다.

현대의 많은 연구자와 활동가가 강조해 온 것은 지금까지의 영역주권과 국경의 단속에 대한 높은 우선순위가 얼마나 다양한 인권 침해를 일으키게 되었는가였다. 실제로는 인권 침해로 비난받는 국가는 국가 주권의 원칙과 영토 보전을 주장하는 것이 일반적이다. 현대 국제법에서의 이러한 난제로 인해 윤리적이고 도덕적인 관심사, 구체적으로는 기본적 인권의 보장이 국경을 초월한 개입을 정당화한다고 주장하는 사람들이 나타났다. 이러한 견해에서는 국가 주권의 침해는 기본적 인권의 보장만큼 중요성을 가지지 않으며, 기본적 인권은 국가 주권과는 무관하게 옹호되어야 하는 문제다.

2003년 이후 수단의 다르푸르에서의 일련의 사건은 국가 주권과 인권 사이에 내재하는 모순을 보여주고 있다. 여러 정부와 인권 NGO는 다르푸르 주민에 대한 수단 정부의 행위를 제노사이드로 공식적으로 규정했다. 그로 인해 외국으로부터의 간섭이 민간인을 보호하고 인권을 옹호하기 위해 정당화되었던 것이다. 수단 정부와 그 동맹국은, 이러한 행위들이 그저 외부의 간섭을 받지 않고 자유롭게 영토를 관리하고 단속할 권리가 주권 국가에 있다는 사실을 드러내는 것일 뿐이라고 반응했다. 수단이나 그 외의 경우에서도 반인도적 '국제' 범죄로 간주되는 것과 주권 국가의 합법적인 행위를 어떻게 구별해야 할지는 다른 정치적, 경제적인 고려가 이루어져야 할 사항에 비해 이차적인 문제일 경우가 많다.

실효적 인권의 불충분성은 정의에 관한 보편적인 기준을 마련하려는 노력에 박차를 가했다. 제2차 세계대전 후, 전승국은 독일과 일본의 전쟁범죄자를 재판하는 국제법정을 설치했고 유엔은 이후에 1990년대의 르완다, 시오라 레오네, 유고슬라비아에서 잔혹 행위에 관련된 사람들을 수사하고 소환하는 특별법정을 설치했다. 지지자는 이러한 법정을 정의라는 광범위한 이념을 적용하는 진전으로 환영했지만, 이는 비교적 드물고 임시적인 조직이었다. 그리고 특별법정의 설치에는 유엔 안전보장이사회와 특히 거부권을 가지는 상임이사국 5개국 사이의 합의를 필요로 했다.

네덜란드 헤이그에 본부를 두는 국제형사재판소ICC의 설치는 전쟁범죄나 다른 인권 침해에 책임을 지는 정치지도자나 군사령관의 기소와 재판의 항구적인 메커니즘을 만들어 위에 기술된 문제들에 대처하려는 노력이었다. 조직의 명칭은 넓은 영역이 다루어질 것을 시사하며, 이 재판소에 보편적인 관할권이 부여되어야 한다고 주장하는 사람들도 있었지만, ICC의 실제적 권한은 상당히 제한적이었다. 재판소의 관할권은 조약을 비준한 국가로만 한정되었고, 미국, 러시아, 중국과 인도를 포함한 국가들은 조약의 비준을 거부하여 여전히 재판소 관할권의 외부에 존재하고 있다. 조약을 비준한 국가를 사이에는 제노사이드 행위, 침략전쟁과 인도에 반한 범죄는 ICC의 관할권 아래 있다는 일반적 합의는 존재하지만, 이러한 특정 조항이 적용될 때 의견의 불일치가 나타나는 경우도 자주 일어난다. 안타깝게도 인권 침해의 명백한 증거에 직면했을 때조차도 많은 정부는 여전히 다른 국가의 내정 문제에 간섭하는 것을 주저한다.

ICC의 한정된 실효성과 인권의 보호는 일반적으로 근대 국가 시스템의 영역적 기초가 글로벌한 인권의 확립과 전혀 양립되지 못하고 그로 인해 부도덕하다는 결론으로 이어졌다. 이러한 논의는 이민문제에 관해 가장 표면화되었다. 국가와 NGO는 인권 침해 혹은 이미 언급한 생활 수준의 차이에 대처하기 위해 국경을 넘을 수밖에 없는 경우가 흔히 있기 때문에 선진국은 이민 규제를 완화할 도덕적 의무를 가지며, 단순히 정치 난민으로서 인정된 사람들뿐만 아니라 모든 이주를 수용해야 한다고 많은 사람들이 주장해 왔다. 실제로는 세계인권선언 제13조에는 "모든 사람은 어떠한 나라를 떠날 권리를 가진다"라고 되어 있다. 이에 따르면, 어떠한 나라도 '떠날' 권리는 스스로의 의사로 어떠한 나라에도 '들어갈' 권리를 가지도록 확장해야 한다고 주장하는 사람들도 있다. 왜냐하면, 국가를 떠날 권리는 만약 타국이 입국을 인정하지 않으면 의미가 없기 때문이다. 이것은 모든 사람들에게 높은 생활 수준을 제공하는 곳으로 이민갈 권리를 부여하고 모든 정부에게 그러한 이민을 도덕적으로 받아들이게 할 것이다. 그러한 제안은 실현이 상당히 어려울 수도 있지만, 이러한 논의는 경계 짓기의 다양한 과정에서 명백해지는 도덕적, 윤리적 차원의 높은 평가를 강조한다.

NGO는 더욱더 활발하고 효과적인 국경을 넘는 활동 주체가 되고 있다. 본서에서는 NGO의 역할을 보도의 자유, 분쟁 해결, 경제 발전, 환경 개선과 여성의 권리 지지자로서 이미 자리매김해 왔다. 가장 주목해야 하는 NGO 중 하나는 지뢰 금지 국제운동International Campaign to Ban Landmines, ICBL이다. ICBL은 실제로 세계에서 지뢰나 집속탄을 제거하는 수백 개의 인도주의적인 NGO가 협력하는 연합체를 말한다. 이 연합체의 시도가 일정한 지뢰를 금지하는 오타와조약Ottawa Treaty의 탄생으로 이어졌다. 특히 미국, 러시아, 중국과 인도 같은 많은 주도국들이 오타와조약에 서명하지는 않았지만, 현재 150개국 이상이 이 조약에 서명했다. 이러한 노력이 인정되어 ICBL은 1997년에 노벨평화상을 수상했다. NGO의 역할

그림 10 _ 스리랑카의 지뢰 제거작업은 지뢰 금지 국제 운동(ICBL)에 의해 조직된 글로벌한 운동의 일부다.

은 의심할 여지 없이 중요하지만, 현대의 국가에 기초를 둔 영역 시스템에서 NGO는 인권이나 생활 수준의 격차에 효과적으로 대처할 수 있는 자원도, 권한도 가지고 있지 않다는 것을 인정하는 것이 불가결하다.

에필로그

경계로 가득한 미래

이 책은 경계가 가지는 실체적, 상징적 차원, '경계 짓기'의 다양한 과정과 그것들이 사람들의 생활에 미치는 영향력을 추적하고 검토해 왔다. 지역적인 규모에서부터 글로벌한 규모에 이르기까지 경계는 차이에 관한 물리적, 상징적인 표식으로서뿐만 아니라, 공간적, 사회적 실천의 공식적, 비공식적 제도로서도 이해되고 있다. 경계란, 경계를 나눔으로써 생기는 집단산물이며, 개별 상황에 따라 영향력이나 의미가 달라진다. 경계는 단순한 장소의 구분이라기보다 부, 권리, 이동, 생활 수준에서의 현저한 공간적 차이에 의해 나타나는 세계권력의 발현으로 파악된다. 이러한 의미에서 경계는 특히 중요한 연구 주제다.

경계의 변화무쌍한 성질을 고려하면, 미래예측의 시도에는 명백한 한계가 있다. 그러나 경계의 역사적 진화와 현대적 경계에 관한 연구의 사정을 개관한 후에 추론의 범위를 넘지 않는 선에서 어떠한 미래가 다가올지에 관해 깊이 생각해 보는 것은 유의미하다. 영역주권과 엄격하게 그어진 국경을 상정하는 베스트팔렌 원칙은 현실적으로는 결코 절대적인 것이 아니었지만, 세계의 정치적 분할에 관한 지배적인 사고 양식이었고, 지금도 대체적으로 그러하다. 그러나 세계화의 과정에 특징을 부여하는 국제적인 경제, 정치, 환경, 문화의 상호연결성은 이러한 패러다임의 기초를 흔드는 것처럼 보인다. 글로벌화가 '평평한 세계'를 낳거나 장소에 따라 경계로 나뉜 세계를 이동의 세계나 네트워크로 서서히 치환하고 있다고 생각하는 사람들도 있다. 한편, 그러한 극적인 예측을 믿지 않고, 그 대신 전통적인 국민국가가 예측가능한 미래에 국내적으로도 국제적으로도 지배적인 주체로 계속 남아있을 것이라고 주장하는 사람들도 있다.

이 책의 견해는 어느 의견을 채택하는 것보다 복잡하다. 우리는 현재 경계에 관련된 모순된 경향을 목격하고 있으며, 이런 모순성은 앞으로도 계속될 것이다. 현재 벌어지는 사건들에서 읽어낼 수 있는 것은, 경계가 본래 정태적이라거나 그러한 형태의 완전한 전복이 아니라, 현대세계의 영역적 전제나 경계의 역할은 과도기를 지나가고 있으며 다시 논의의 대상이 되고 있다는 것이다. 실제로는 그러한 전환을 명확히 보여주는 전례가 있다. 서유럽에서 영역적인 국민국가의 초기형태의 단서가 된 것은 새로운 형태의 사회경제적 조직의 출현이었다. 이 모델은 식민주의를 통해 수출되어 다른 지역에서 일반적으로 지배적인 영역과 경계의 비교적 유연한 개념으로 서서히 바뀌었던 것이다.

우리들은 현재 20세기 초의 사회경제적 조직이나 활동의 새로운 양태와 정체성이 출현했을 때와 마찬가지의 과도기를 경험하고 있는 것처럼 보인다. 그러나 결과적으로 완전한 탈영역화나 경계의 제거로까지는 거의 확실하게 진행되지 않을 것이다. 어떠한 탈영역화도 모종의 형태의 광범위한 재영역화가 될 것이다. 이것은 형태, 기능, 규모가 이전의 구조와는 다르겠지만, 재영역화에 상응하는 재경계 짓기의 과정을 필요로 할 것이다. 결코 변하지 않는 영역성은 인간의 활동과 조직에서 지속적으로 영향력을 행사하고 있으며 경계가 없는 세계로 향하는 영속적인 탈영역화는 절대 일어날 것 같지 않다.

그렇다면 이러한 새로운 영역화는 어떠한 양상을 띨까. 경계가 어떤 사람들, 어떤 제도나 어떤 움직임보다 개방적이더라도 그에 대응하는 다른 것에 대해서는 보다 폐쇄적으로 되는 현상을 고려하면, 우리는 중세 유럽이나 식민주의 이전의 비유럽지역에서 특징적인, 보다 유연하고 변화하기 쉬운 영역적 네트워크의 출현, 혹은 재출현을 목격하고 있는지에 관해 깊이 따져볼 가치가 있다. 이것은 중복되고 우발적이고 유연한 정치권력의 계층 관계의 특징인 영역성의 배태를 암시하기도 한다. 지방 정부, 선주민, 혹은 디아스포라 공동체 같은 국가보다 하위 레벨에 있는 집단뿐만 아니라, 국제기업, 초국가적 조직 및 NGO의 증대하는 규모와 영향력 모두가 절대적인 국가의 영역 주권이라는 개념에 의문을 제기하고 있다. 차등화된 주권/시민권을 제도화하는 국가의 정책이나 신자유주의적인 경제공간의 확산과 연결된 경향은 '새로운 봉건적' 사회정치적 네트워크의 출현을 시사하며, 거기에서는 특정한 계급이나 제도는 광범위한 특권을 획득하는 한편, 그 외의 것은 심각한 차별이나 규제에 직면하게 되는 것이다.

공간성이 변하는 이러한 시기에는 경계는 다면적이고 모순된 역할을 하게 된다. 어쩌면 우리는 현재, 역사상의 어떠한 시기보다도 영역, 귀속, 거버넌스가 가지는 이동성과 다단계적인 성격을 이 경계로 가득한 세계에서 조화롭게 풀어내야만 하는 난제에 봉착해 있다. 요컨대 경계는 여전히 중요하며 글로벌한 정치, 경제, 문화, 환경상의 쟁점에서 커다란 역할을 지속적으로 담당할 것이다.

이 책은 경계가 인간 경험의 중심적인 구성 요소였으며, 지금도 그러하고 가까운 미래에도 그럴 것이라는 점을 제시하고 있다. 이러한 사실을 반영하여 소설, 단편, 자서전, 연극을 제공하는 풍요로운 문학작품의 한 분야가 최근에 생겨났고, 그중에는 경계 공간 속에서 개인이나 공동체에 영향을 미치는 복잡한 문화적 신앙,

역사과 실체적인 상황이 탐구되고 있다. 이러한 작품은 불법적인 월경, 토지권리에 대한 선주민 투쟁과 주변국들 간에 심화되는 상호의존에 관한 학술적인 담론의 확장에 특히 유익하다. 이러한 저술가는 경계에서의 새로운 질감을 설명하여 행동하는 것과 행동하지 않는 두 현실에 대해 정책 결정자와 폭넓은 여론이 민감하게 조성되도록 시도를 하고 있다.

공간을 나누는 것은 인간이라는 존재가 가지는 본래의 성질이다. 인간은 본질적으로 장소를 만드는 존재이며, 사회적, 정치적, 문화적, 경제적, 환경적인 실체, 과정, 시스템, 제도 사이에 존재하는 차이를 물리적으로도 정신적으로도 나누는 능력을 발현하여 질서 창출을 하고 있다. 결과적으로 우리들의 세계에는 권한, 소유권, 기회의 다양한 관할 범위를 나누는 선이 촘촘하게 그어져 있다. 보더 스터디즈, 즉 경계 연구 분야는 인간의 사회 공간 조직의 변용되는 성질에 관한 풍요로운 연구의 장을 제공하고 있다. 만약 세계화의 역동성의 한가운데에 있는 우리가 행동하기 위한 개별적, 집합적인 능력을 고양시키고자 한다면, 경제적, 환경적, 문화적, 지정학적인 실천에서 우리들은 어떻게 경계가 재고되고 재형성되고 있는지를 이해해야만 한다.

옮긴이 후기

이 책은 옥스퍼드대학출판부의 Very Short Introductions 시리즈의 한 권으로 알렉산더 디너Alexander C. Diener와 조슈아 헤이건Joshua Hagen이 공동 저술한 *Borders : A Very Short Introduction*2012를 번역한 것이다. 이 책은 border라는 키워드를 붙들고서 다양한 시기와 지역을 넘나드는 광범위한 논의들을 펼친다. 이에 중앙대학교·한국외대 HK+ 접경인문학 연구단은 단독 번역이 아닌 여러 분야 연구자들의 공역을 통한 보다 전문적인 번역을 추진했다. 동시에 여러 차례의 상호 교열 과정을 통해 가독성 및 정확도의 증진을 기했다. 이러한 성과가 나올 수 있도록 토대를 놓아준 한국연구재단 측에 감사드린다.

공역의 과정에서 가장 큰 문제가 되었던 것은 border라는 이 책의 핵심 열쇠 말을 어떠한 한국어로 새길 것인가의 문제였다. 물론 이 단어가 기본적으로는 근대 국가들 사이의 '국경'을 가리킬 때 사용되지만, 이 책이 근대적 국가 및 국경 개념이 등장하기 전 여러 정치체들의 사이를 가르는 경계들 역시 다룬다는 점을 생각할 때 역자들은 '국경'을 border의 역어로 일관적으로 택하는 데 주저할 수밖에 없었다. 또한 '국경'을 넘어 다양한 정치적·사회적 '경계'들의 문제로까지 이 책이 관심을 확대하고 있다는 점까지

고려하면, 단 하나의 역어를 택하여 border를 옮기는 것은 적당하지 않다고 판단했다. 이에 역자들은 '경계'를 기본적인 역어로 택하되, 때에 따라서 융통성 있게 이를 번역했다.

공역 과정에서 또 하나의 문젯거리는 "왜 접경인문학 연구단에서 이 책을 번역하는가?"라는 질문에 대한 나름의 합의를 찾는 일이었다. 본 연구단이 연구 주제로 삼고 있는 '접경'은 메리 루이스 프렛이 30여 년 전 제안한 콘택트 존Contact zone을 인용한다. 그가 규정한 콘택트 존은 "주로 힘들 간의 굉장한 불균형이 있는 상황에서 문화들이 서로 만나고, 부딪치며, 뒤엉키는 사회적 공간social spaces where cultures meet, clash, and grapple with each other, often in contexts of highly asymmetrical relations of power"이다. 그는 주로 제국주의 및 식민주의에 대한 비판적 분석을 위해 혹은 이러한 분석의 틀 내에서 이 개념을 사용했다. 그러나 본 연구단은 제국과 식민지 간의 비대칭적 관계들을 넘어, 모든 이질적이고 비대칭적 문화들 간의 접촉에서 발견되는 양자 간의 균열, 문학적 전유와 창조, 그리고 이로부터 상상할 수 있는 새로운 관계 등에 주목하며 접경이라는 개념을 사용한다. 이로 인해 본 연구단은 지역, 민족, 국가 등이 접촉하는 외적 접경뿐 아니라 문화, 종교, 계급, 젠더, 일상 등이 접촉하는 내적 접경으로까지 그 관심 분야를 넓히고 있다.

본 연구단의 상술한 연구 방향성은 자연스레 연구단의 관심이 과연 '보더 스터디Border Study'의 관심과 무엇이 같고 또 다른가라는 질문을 낳는다. 물론 보더 스터디가 담아내지 못하는 어떤 주제들에 대해 또 어떠한 방식으로 접경인문학 연구단이 그간 응답 해 왔는가를 살펴보는 방식을 이 질문에 대한 답을 대신할 수도 있을 것이다. 그러나 접경인문학 연구자들은 이 질문에 보다 진지하게 답할 필요가 있다. 왜냐하면 이미 존재하는 학문 분야와 구별되는 접경인문학의 존재 의의가 이 작업을 통해 보다 분명히 드러날 것이기 때문이다. 또한 이 질문에 대한 답을 구하는 과정은 이미 국제적으로 활발한 연구가 진행되고 있는 보더 스터디의 성과들을 거름으로 삼아 접경인문학의 꽃을 피우는 기초 과정이 될 것이다. 그런 의미에서 보더 스터디의 어제와 오늘을 짧은 분량을 통해 잘 소개한 *Borders : A Very Short Introduction*의 번역은 접경인문학의 발전을 위해 긴요한 작업이라 할 수 있다.

본 저작에는 소개되지 않았지만, 대한민국 땅에서 오늘 이 시대를 살아가는 우리가 새롭게 주목해야 할 몇 가지 경계들을 소개하는 것으로 역자 후기를 마무리 짓기로 하자더 자세한 논의는 『팬데믹 시대에 경계를 바라보다』, 소명출판, 2022 참고. 먼저 우리는 남북을 가르는 경계선을 새로운 시각으로 바라볼 필요가 있다. 오랜 시간 이곳은 적대와 대치의 공간으로만 바라봐 왔다. 하지만 이제 우리는 이곳을 새로운 창조의 공간으로 상상할 필요가 있다. 예컨대, 그곳을 분단 이전

삶의 원형과 생태를 보존지로 바라보고 또 기록하여 평화의 복원과 회복을 위한 공공재로 재사유할 수 있다. 또는 우리를 사로잡고 있는 인간 중심주의로부터 한 걸음 벗어나 DMZ를 더 이상 '버려진' 경계 지역이나 '인간'의 평화를 위한 완충지대로 보는 것이 아니라 야생생물들을 위한 '평화'의 땅이자 그들이 '택한' 중심지역으로 새롭게 사유할 필요가 있다.

팬데믹이 드러낸 우리를 가르고 있는 날카로운 선들도 우리가 다시 한 번 새삼스레 주목해야 할 지점이다. 팬데믹은 소수자에게는 삶을 뒤흔드는 끔찍한 재앙으로 경험되지만, 어떤 이들은 이것을 그저 인생에 스쳐가는 찬바람쯤으로 겪고 지나간다. 바꿔 말해, 일견 누구에게도 예외 없이 평등하게 가혹해 보이는 전염병의 공포는 실상 사회적 약자들에게 더욱 가혹한 재앙이다. 너무 오래되어 뽀얀 먼지 속에 가려져 있던 경계선이 해 아래 다시 드러난 오늘, 우리는 그 선들을 다시 덮어버릴 것인지, 혹은 새로운 선을 그릴 것인지, 아니면 모든 선을 지울 것인지, 또 다른 길을 찾을 것인지 스스로에게 질문을 던질 수밖에 없다.

구교선

더 읽어보기

이 책에서 논의된 자료의 상당 부분은 사회과학계와 인문학계 전반에 걸쳐 다양한 학술지에 실린 연구논문에서 도출된 것이다. 경계 연구를 위한 최고의 학술지로는 *Geopolitics, International Studies Quarterly, Journal of Borderlands Studies, Political Geography, Regional Studies* 등이 있다. 아래의 목록은 포괄적인 것이 아니라 경계 연구에서 가장 중요한 최근 책들 중 일부에 초점을 맞추고 있다. 그 참고 문헌들에는 경계와 관련된 초기 저작들에 대한 광범위한 인용이 포함되어 있다. 이 책의 독자들에게는 옥스퍼드대학출판부 '매우 짧은 소개Very Short Introductions' 시리즈 중 『제국*Empire*』, 『지정학*Geopolitics*』, 『세계화*Globalization*』, 『국제 이주*International Migration*』, 『국제 관계*International Relations*』와 『내셔널리즘*Nationalism*』 등이 참고가 될 수 있다.

Agnew, John, *Globalization and Sovereignty*, Lanham, MD : Rowman and Littlefield, 2009.

Alcock, Susan, Terence N. D'Altroy, Kathleen D. Morrison, and Carla M. Sinopoli, eds., *Empires : Perspectives from Archaeology and History*, Cambridge : Cambridge University Press, 2001.

Anderson, Malcolm, *Frontiers : Territory and State Formation in the Modern World*, Cambridge : Polity, 1996.

Arts, Bas, Arnoud Lagendijk, and Henk van Houtum, eds., *The Disoriented State : Shifts in Governmentality, Territoriality and Governance*, Dordrecht : Springer 2009.

Bayly, C. A., *The Birth of the Modern World, 1780-1914 : Global Connections and Comparisons*, Malden : Blackwell, 2004.

Brunet-Jailly, Emmanuel. *Borderlands : Comparing Border Security in North America and Europe*, Ottawa : University of Ottawa Press, 2007.

Buchanan, Allen, and Margaret Moore, eds., *States, Nations, and Borders : The Ethics of Making Boundaries*, Cambridge : Cambridge University Press, 2003.

Butlin, Robin, *Geographies of Empire : European Empires and Colonies c, 1880-1960*. Cambridge : Cambridge University Press, 2009.

Cerny, Philip, *Rethinking World Politics : A Theory of Transnational Neopluralism*, Oxford : Oxford University Press, 2010.

de Blij, Harm, *The Power of Place : Geography, Destiny, and Globalization's Rough Landscape*, Oxford : Oxford University Press, 2009.

Diener, Alexander C., and Joshua Hagen, eds., *Borderlines and Borderlands : Political Oddities at the Edge of the Nation State*, Lanham, MD : Rowman and Littlefield, 2010.

Elden, Stuart, *Terror and Territory : The Spatial Extent of Sovereignty*. Minneapolis : University of Minnesota Press, 2009.

Fichtelberg, Aaron, *Crime Without Borders : An Introduction to International Criminal Justice*, Upper Saddle River, NJ : Pearson, 2008.

Friedman, Thomas, *The World Is Flat : A Brief History of the Twenty-first Century*, New York : Farrar, Straus and Giroux, 2005.

Ganster, Paul, and David E. Lorey, eds., *Borders and Border Politics in a Globalizing World*, Lanham, MD : SR Books, 2005.

Gavrilis, George, *The Dynamics of Interstate Boundaries*, Cambridge : Cambridge University Press, 2008.

Goldsmith, Jack, and Tim Wu, *Who Controls the Internet? Illusions of a Borderless World*, New York : Oxford University Press, 2006.

Hastings, Donnan, and Thomas Wilson, *Borders : Frontiers of Identity, Nation and State*, Oxford : Berg, 1999.

Houtum, Henk van, Olivier Kramsch, and Wolfgang Zierhofer, eds. *B/Ordering Space*, Aldershot : Ashgate, 2005.

Kolers, Avery, *Land, Conflict, and Justice : A Political Theory of Territory*. Cambridge : Cambridge University Press, 2009.

Kutting, Gabriela, *The Global Political Economy of the Environment and Tourism*, Basingstoke : Palgrave Macmillan, 2010.

Levitt, Peggy, *The Transnational Villagers*, Berkeley : University of California Press, 2001.

Mann, Michael, *The Sources of Social Power : A History of Power from the Beginning to A.D. 1760*, Cambridge : University of Cambridge Press, 1986.

Migdal, Joel, ed., *Boundaries and Belonging : States and Societies in the Struggle to Shape Identities and Local Practices*. Cambridge : Cambridge University Press, 2004.

Morris, Ian, and Walter Scheidel, eds., *The Dynamics of Ancient Empires : State Power from Assyria to Byzantium*. Oxford : Oxford University Press, 2009.

Newman, David, ed., *Boundaries, Territory, and Postmodernity*, London : Frank Cass, 1999.

Nicol, Heather, and Ian Townsend-Gault, eds., *Holding the Line : Borders in a Global World*, Vancouver : UBC Press, 2005.

O'Leary, Brendan, Ian S. Lustick, and Thomas Callaghy, eds., *Rightsizing the State : The Politics of Moving Borders*, Oxford : Oxford University Press, 2001.

Ong, Aihwa. *Neoliberalism as Exception : Mutations in Citizenship and Sovereignty*, Durham, NC : Duke University Press, 2006.

Pecoud, Antoine, and Paul de Guchteneire, eds., *Migration without Borders : Essays on the Free Movement of People*, New York : Berghahn Books, 2009.

Popescu, Gabriel, *Bordering and Ordering the Twenty-first Century : Understanding Borders*. Lanham, MD : Rowman and Littlefield, 2012.

Power, Daniel, and Naomi Standen, eds., *Frontiers in Question : Eurasian Borderlands, 700-1700*. New York : St. Martin's Press, 1999.

Rajaram, Prem Kumar, and Carl Grundy-Warr, eds., *Borderscapes : Hidden Geographies and Politics at Territory's Edge*, Minneapolis : University of Minnesota Press, 2007.

Robertson, Craig, *The Passport in America : The History of a Document*, New York : Oxford University Press, 2010.

Sack, Robert, *Human Territoriality : Its Theory and History*, Cambridge : Cambridge University Press, 1986.

Sadowski-Smith, Claudia, *Border Fictions : Globalization, Empire, and Writing at the Boundaries of the United States*. Charlottesville : University of Virginia Press, 2008.

Salehyan, Idean. *Rebels Without Borders : Transnational Insurgencies in World Politics*. Ithaca, NY : Cornell University Press, 2009.

Sassen, Saskia, *Territory, Authority, Rights : From Medieval to Global Assemblages*. Princeton, NJ : Princeton University Press, 2006.

Spruyt, Hendrik, *The Sovereign State and Its Competitors : An Analysis of Systems Change*, Princeton, NJ : Princeton University Press, 1996.

Stein, Mark, *How the States Got Their Shapes*. New York : Smithsonian Books/Collins, 2008.

Torpey, John, *The Invention of the Passport : Surveillance, Citizenship and the State*. Cambridge : Cambridge University Press, 1999.

Trigger, Bruce, *Understanding Early Civilizations : A Comparative Study*, Cambridge : Cambridge University Press, 2003.

Wastl-Walter, Doris, ed., *Ashgate Research Companion to Border Studies*, Farnham : Ashgate, 2011.

Weaver, John, *The Great Land Rush and the Making of the Modern World, 1650-1900*. Montreal : McGill-Queen's University Press, 2003.

Winichakul, Thongchai, *Siam Mapped : A History of the Geo-Body of a Nation*, Honolulu : University of Hawaii Press, 1994.

웹사이트

Association for Borderlands Studies
www.absborderlands.org
협회의 출판물, 회의 및 기타 활동에 대한 정보를 제공한다.

Borderbase
www.nicolette.dk/borderbase/index.php
국경과 관련된 다양한 뉴스 보도 및 사진에 대한 링크를 제공한다.

Centre for International Borders Research at Queen's University Belfast
www.qub.ac.uk/research-centres/CentreforInternationalBordersResearch/ABS-CIBRBibliography
센터의 연구, 출판물 및 국경 관련 문헌에 대한 광범위한 참고 목록을 제공한다.

International Boundaries Research Unit at Durham University
www.dur.ac.uk/ibru
국경 분쟁 해결에 초점을 맞춘 최신 뉴스 데이터베이스, 학회 및 연구 정보를 제공한다.

Nijmegen Centre for Border Research at Radboud University Nijmegen
http://ncbr.ruhosting.nl
센터의 연구, 학회 및 세미나에 대한 정보를 제공한다.

지은이 소개

지은이

알렉산더 디너 Alexander C. Diener

캔자스대학교 지리학 교수. 중앙아시아와 동북아시아 지역연구를 전공으로 하며, 지정학과 경계, 정체성과 이주, 시민권, 개발과 이동, 도시 경관 변화 등의 주제에 관심을 가지고 정치, 사회, 경제, 문화 지리학을 교차시키며 연구하고 있다. 다수의 저서가 있으며, 최근에 조슈아 헤이건과 함께 『보이지 않는 경계들－권력, 이동과 소속의 지리학』(Routledge, 2022)을 출간했다.

조슈아 헤이건 Joshua Hagen

위스콘신대학교 스티븐스 포인트 캠퍼스 교수. 전근대 세계의 지리학, 역사적 보전과 기억의 장소, 지리학과 지정학의 역사, 관광과 문화유산, 도시 디자인과 공적 공간 등을 연구하고 있다. 저서에 『나치 독일의 건설－장소, 공간, 건축, 이데올로기』(Rowman & Littlefield, 2020), 『권력으로서의 도시－도시 공간, 장소, 민족 정체성』(Rowman & Littlefield, 2019) 등이 있다.

옮긴이

임경화 Lim Kyounghwa

중앙대학교 접경인문학연구단 HK교수. 일본문화, 동아시아 코리안 디아스포라 비교연구. 서문, 제6장, 에필로그, 더 읽어보기, 웹사이트 번역.

현명호 Hyun Myung Ho

연세대학교 근대한국학연구소 HK연구교수. 동아시아학(북한지역 근현대사) 전공. 제1장 번역.

구교선 Koo Kyo-Sun

세종대학교 대양휴머니티칼리지 초빙교수. 서양고대철학 전공. 제2장 번역, 옮긴이 후기 집필.

고반석 Koh Ban Suk

중앙대학교 역사학과 박사과정 수료. 서양중세사 전공. 제3장 번역.

김한결 Kim Hangyul

중앙대학교 접경인문학연구단 HK연구교수. 서양근세미술사, 박물관사 전공. 제4장 공역.

강명주 Kang Myung-ju

중앙대학교 접경인문학연구단 HK연구교수. 한국문학 전공. 제4장 공역.

이형규 Lee Hyung Kyu

한국외국어대학교 접경인문학연구단 HK연구교수. 종교사회학 전공. 제5장 번역.